京都の乾物屋さんから教わる お出汁と乾物

監修 山下由美子 京都・田邊屋7代目女将
料理 大友育美 国際中医薬膳師

池田書店

はじめに

乾物がもたらす「今日のごはん、おいしい」の笑顔

みなさまのおうちに乾物のストックはありますか？

私のお台所の引き出しや冷蔵庫にはたくさんの乾物があります。「乾物屋さんだから」と思われるでしょうか。最初はそうだったかもしれませんが、品質チェックやお客様からのご質問に答えるため、さまざまな乾物料理を作っているうちにおいしさと便利さを実感して、なくてはならないものとなっていきました。

お料理が得意ではなかった私ですが、食べ盛りで成長期の子どもや仕事が忙しくてお疲れ気味の夫にはおいしいごはんを食べていつもご機嫌でいてほしいと、ごはん作りに頭を悩ませていました。その悩みを徐々に解決してくれたのは、乾物たちでした。夫不在の育児、働く主婦、忙しい私が願ってやまなかった「簡単、おいしい、そして元気になる！」を実現してくれたのです。

その乾物は貝塚から発見されていて、縄文時代から食されていたことがわかっており、長い間、私たちの身近にあり続けている食材です。長い間、使い続けられているものには、暮らしをよくする要素がたくさん詰まっています。乾物もそうです。本書から、みなさまにとっての便利な要素をたくさん見つけてください。

それぞれの乾物の特徴を知り、「一乾物一レシピ」、ひとつの乾物につき一種類、家族が喜ぶレシピをもち、おおまかでいいのでそれぞれの乾物の栄養を頭に入れて、自分や家族の調子に合わせて使うものを決めてもいいですし、なんとなくこれ使おうと思ったものを体が欲している場合もあるようです。こうして使い慣れていくとアレンジを思いついたりして、より楽しく乾物が使えるようになります。ストックの乾物を使いこなせるようになると、お買い物も楽になりますよ。

私は、お料理をされる方のご希望の乾物を調達して味の実現を支えてきた京都の乾物屋の女将です。「おいしかった、ありがとう」と幸せそうに微笑まれるお顔をたくさん拝見してきました。

今度は、みなさまの理想の味の実現の一助となれるように、乾物やお出汁のお話を本書にまとめさせていただきました。

第1章では、はつらつとした暮らしに役立つ16種類の乾物の特徴と、簡単なのに喜ばれるレシピ、第2章では、お出汁への理解が深まり、よさを実感できるレシピを紹介しています。写真の掲載にあたり大友育美先生がお料理を仕上げてくださいました。第3章では、大友先生に乾物の可能性や使う楽しさを実感できるとてもおいしいレシピを紹介していただいています。

毎日のごはん作りに悩んでいる方、おいしい和食が作りたい方、もっと乾物を活用したい方など、多くの方のお役に立てるとうれしいです。

みなさまのお台所にもお気に入りの乾物が増えて、食卓が「今日のごはん、おいしい」の笑顔であふれますように願っています。

京都・田邊屋七代目女将　山下由美子

一からお出汁をとっても 30分で一汁三菜

作りおきがあれば、
もっと短くできる！

ひと口目、口に入れた瞬間に
思わず出てしまう
「おいしい！」という声。
食べ進めていく途中で
ついあふれ出てしまう
「今日のごはんおいしいわ〜」。
そして食べ終わりの、
「は〜、おいしかった」。
3回、「おいしい」と、
思わず言ってしまう食事を
心がけています。

ごまたっぷり
酢の物→45ページ

素のりと
豆腐の味噌汁
→68ページ

切り干し大根の煮物
→31ページ

お出汁をしっかり吸った
乾物や野菜は、
時間がたつとどんどん
おいしくなっていきます。

日持ちもするので、
お弁当のおかずにも
常備菜としても重宝します。

そのうえ
栄養も豊富なので、
毎日忙しく生活する
みなさまの力に
なれると思います。

入れる量やおく時間によって味が変化します。変化を楽しみながらお好みの味を見つけてください。2煎目もいただけますし、カップの中の戻った乾物も食べられます。

乾物茶

しょうがのいい香り、なつめの赤と干し菊の黄色がとてもかわいらしくて味もおいしいです。飲み始めてすぐにポカポカしてきます。女性にうれしい効能たっぷりですが、どの年代の方にお出ししても喜んでいただけるお茶です。お手軽に楽しんで、元気になってください。

材料 1人分

乾燥しょうが……2枚
乾燥なつめ……1個
干し菊……ひとつまみ
熱湯……150㎖

作り方

1 耐熱用カップに乾燥しょうが、なつめ、干し菊を入れて熱湯を注いで約1分おく。

カップで味噌汁

ほっとしたいときや小腹がすいたとき、ぜひ作ってみてください。また、忙しい日のお味噌汁はこれで充分。お出汁のうまみが満足感をもたらしてくれます。

材料　1人分

昆布……2cm角2枚

かつお節……3g（本枯節の粉かつおをおすすめします）

味噌……小さじ1

熱湯……150ml

作り方

1　耐熱カップに昆布、かつお節、味噌を入れて熱湯を注ぐ。味噌が溶けるようにスプーン等を使ってかき混ぜる。

お好みで、麩やカットわかめ、小さく切ったお豆腐など、火を通さなくてもいい具材を入れてもいいです。

葛《くず》湯《ゆ》

材料　1人分

本葛粉……大さじ1
砂糖……小さじ2
水……150㎖
乾燥しょうが
……2～3枚（0・5g）
（好みで）ゆず香
（ゆずの皮を乾燥させたもの）
……小さじ1／3

作り方

1 耐熱カップに本葛粉、砂糖、水、乾燥しょうがを入れて本葛粉が溶けるくらいによくかき混ぜる。

2 電子レンジで1分30秒、取り出してよくかき混ぜてさらに30秒温める。透明感を目安に足りなければ10秒追加。

3 均一になめらかになるようにかき混ぜる。

4 お好みでゆず香を少し添える。

おもてなしの飲み物として楽しむほかに、我が家では風邪のひき始めのような症状があるときに作ります。たいていは元気になります。葛は葛根湯《かっこんとう》の元でもあり、体にうれしい効能がたくさんある食材です。病気のあとで食欲があまりないご家族のために本葛粉を買いに来られるお客様も多いです。

葛は少し高価に思われるかもしれませんが、効能を考えると、常備して普段から体に取り入れていただきたい食材のひとつです。とろみをつけるときなどにも使えます。

よもぎ茶

お湯を注いだときに
春を感じるような香りが
心を落ち着かせます。
作り方も簡単なので
ぜひ取り入れて
いただきたいと思います。

よもぎは血を作り血流をよくする効果、老廃物や脂肪を排出するデトックス効果、整腸作用、体を温める効果があるといわれています。

材料 1人分

乾燥よもぎ……ひとつまみ
熱湯……150mℓ

作り方

1 耐熱カップに乾燥よもぎを入れて熱湯を注ぎ、軽くかき混ぜる。

乾物ってこんなにすごい！

- ✓ うまみが凝縮されていて、料理をおいしくする力がある
- ✓ ミネラル・食物繊維・たんぱく質・ビタミンが豊富
- ✓ 血流・冷え改善、整腸作用、デトックス、疲労回復に効果的
- ✓ 保存食として一年中活用できる
- ✓ 軽量で場所をとらないので災害時のストック食材としても

目次

第1章 乾物のいろは

第2章

味わい深いお出汁の料理

第3章 まいにちの乾物料理

Column

本書の使い方

乾物の保存方法

乾物は保存しやすい食品ですが、直射日光、高温多湿、強いにおいが苦手です。適度に封をして、冷暗所で保存してください。季節やお住まいの環境によっては冷蔵庫での保存が安心です。極端な温度変化もよくないので、一度冷蔵庫に入れたらそのままの保存がいいでしょう。

レシピの決まりごと

- 大さじ1は15㎖、小さじ1は5㎖、1カップは200㎖です。
- ひとつまみは、親指、人差し指、中指でつまんだ量です。
- しょうゆは特に記載がない場合、濃口しょうゆを使用しています。
- 鶏卵はMサイズを使用しています。
- 食材は皮をむく、へたやたねなどを取り除くなどの下処理をしてから使用しています。特別な下ごしらえが必要なものは、作り方の中で行なっています。
- 油揚げは油抜きをしたものを使用しています。
- 電子レンジの加熱時間は600Wの場合の目安です。機種によって異なるので、様子を見て加減してください。

乾物屋女将・山下由美子の煮物をおいしく作るコツ

第1章・第2章でご紹介する煮物を作る際の参考にしてください。

鍋に具材を入れ、ひたひたにお出汁を注ぎ、火をつけます。

煮物の調味料は甘味から入れたほうがおいしく仕上がります。砂糖、酒、(薄口)しょうゆ、塩の順に入れます。

*煮ているうちにお出汁が濃くなっていくので、仕上げたい味より少し薄めにしておきます。

具材に火が通ったら味見をして、おいしかったら完成。甘味がほしかったらみりんを、物足りなかったらしょうゆや塩を足します。

*何を足せばいいかわからなくなったら、しばらくおいて冷めてから味を見るとよくわかります。

*慣れるまでは、調味料を入れるたびに味見をすると、何を入れたら好みの味に仕上がるのかわかるようになります。

うまみたっぷりのお出汁とこのコツと勘で、おいしい煮物が作れるようになります。お出汁と旬のもので季節を楽しんでください。

第1章 乾物のいろは

うまみと栄養がたっぷりで、
保存もきいて重宝する乾物たち。
なかでも使いやすい
16種類を選びました。
シンプルにおいしく
いただけるレシピもご紹介。

昆布

合わせる素材を引き立てる

昆布はそれぞれに特徴があります。

利尻昆布はすっきりとしたお上品な味わいでお吸い物に最適。京都の料理人さんに好まれています。

真《ま》昆布は利尻昆布よりほんのり甘みや深みがあるので、煮物がおいしく仕上がりやすいです。お吸い物やお味噌汁、昆布じめにも合う、万能で使いやすい昆布です。

羅臼《らうす》昆布はうまみが濃く、香りが強いので、うまみの余韻がより舌に残る贅沢なお出汁になります。少しにごりが出ることがあります。

日高昆布はやわらかく、食べておいしい昆布です。戻したときのつやも美しく、昆布巻きなどに使われます。お出汁用としては用途によってはうまみが足りないかもしれません。

日高昆布

あらめ

あらめはひじきと似ていますが、昆布の仲間です。ひじきよりあっさりとしていてクセがないので使いやすいです。お味噌汁やあえ物などに入れてもおいしくいただけます。

それぞれ特徴があるので使い分けが必要と感じられるかもしれませんが、まずはお気に入りの昆布をひとつ見つけてみてください。

選び方

よく乾燥していて厚みのあるものがよいとされています。

しっかりとうまみを含み、磯臭さがなく、いい香りがするものを選んでください。そして、お料理にしたときに物足りなさを感じないことが大切です。まずは質のよい昆布を手に入れ、よく観察してたくさん使ってください。

栄養

昆布にはヨウ素、カリウム、マグネシウム、鉄、亜鉛といったミネラルや食物繊維が豊富に含まれており、そのほとんどが水溶性なので、お出汁に栄養が流れ出ています。

保存方法

10g程度の大きさに切り分けておくと、お出汁をとる際に便利です。

白がゆ

材料

ごはん……炊飯器に残った量（適量）
真昆布……1枚（5㎝角）
熱湯……適量

作り方

1 ごはんがほぐれるくらいの量の熱湯を炊飯器に加えて混ぜる。
2 昆布を入れてふたをし、10分ほどおく。
3 器に盛る。好みで塩昆布、梅干し、ちりめん山椒、佃煮などと一緒にいただく。

◆本葛粉でとろみをつけた味付き出汁（76ページ）をかけてもおいしくいただけます。寒い朝にはしょうがを足しても。

炊飯器に残ったごはんが上品なおかゆに

かつお節

体力・気力の回復に

お出汁の素材として、また、ごはんやおひたしにかけておいしいと知られているかつお節ですが、古くは『古事記』にも記載があるほど長く私たちの身近にあり続けている食材で、知れば知るほど奥が深い魅力的な乾物です。

おいしいだけでなく、見た目の美しさ、保存力、優れた栄養、崇高な香り、他の食材にはない特徴が人々を魅了してきたことがうかがえる逸話がたくさん残っています。

江戸時代中期にカビ付けの技術が確立されて現在のような品質になってから、紙などの雑貨と一緒に流通していました。他の塩干魚《えんかんぎょ》よりずば抜けて保存がきいて、生臭さもなかったことがわかります。

また、たんぱく質を多く含み、栄

糸かつお

養面でも大変優れていたことや、縁起のいい逸話もあり、「勝男武士」という字があてられ、戦国武士の携帯食としても重宝されていました。

昔の文献に、体力だけでなく気力の回復にもいいと薬のように記されてもいて、戦争前には驚くほど需要が高まったとの記録が残っています。

忙しい生活で疲れがとれない、やる気が出ないとき、かつお節をたっぷり食べる習慣はいかがでしょうか。

選び方と使い方

かつお節には血合《ちあ》いありと血合い抜き、カビ付けしているものとしていないものがあります。血合いありのものは香りが強いので、かつおの風味を活かしたお料理に向いています。血合い抜きのものはクセがなく上品なうまみなので、旬のお野菜を楽しみたいときに使ってみてください。

カビ付けしていない荒節《あらぶし》はお値段も手頃なのでたっぷりとかけて楽しむことができる、親しみやすいかつお節です。

カビ付けしてある本枯節《ほんかれぶし》は、ふわっといい香りが立ち、口いっぱいに深みのあるうまみが広がり、幸せに包まれます。子どもも好きな味なので、食の細い幼児の栄養源としても活用していただきたいです。

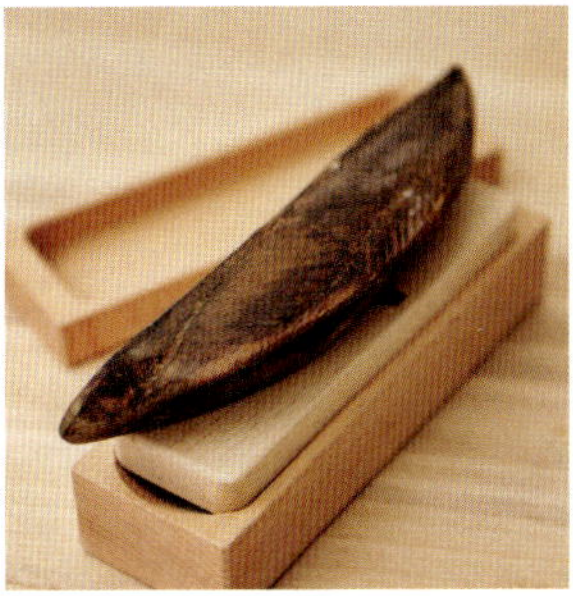

豆知識

缶詰やレトルト食品の保存食もいいですが、ご家庭の保存食に本枯節はいかがでしょうか。おいしくて栄養もたっぷりです。

シュッシュッとよい音がして、きれいに削れると、とても心地よいですし、よい香りがしてくるのもうれしくなります。削る人の特権です。リズムよくカッコよく削ってください。

削りたてかつお節わさびごはん

削る楽しさを感じて

材料

温かいごはん……適量

本枯節、生わさび、しょうゆ……各適量

作り方

1 本枯節を削り、わさびをおろす。

2 ごはんに好みの量の削り節とわさびをのせ、しょうゆをたらしていただく。

◆おもてなしの〆のごはんにぴったりです。本枯節を食卓のみなさんの前で削ると盛り上がります。

干し椎茸

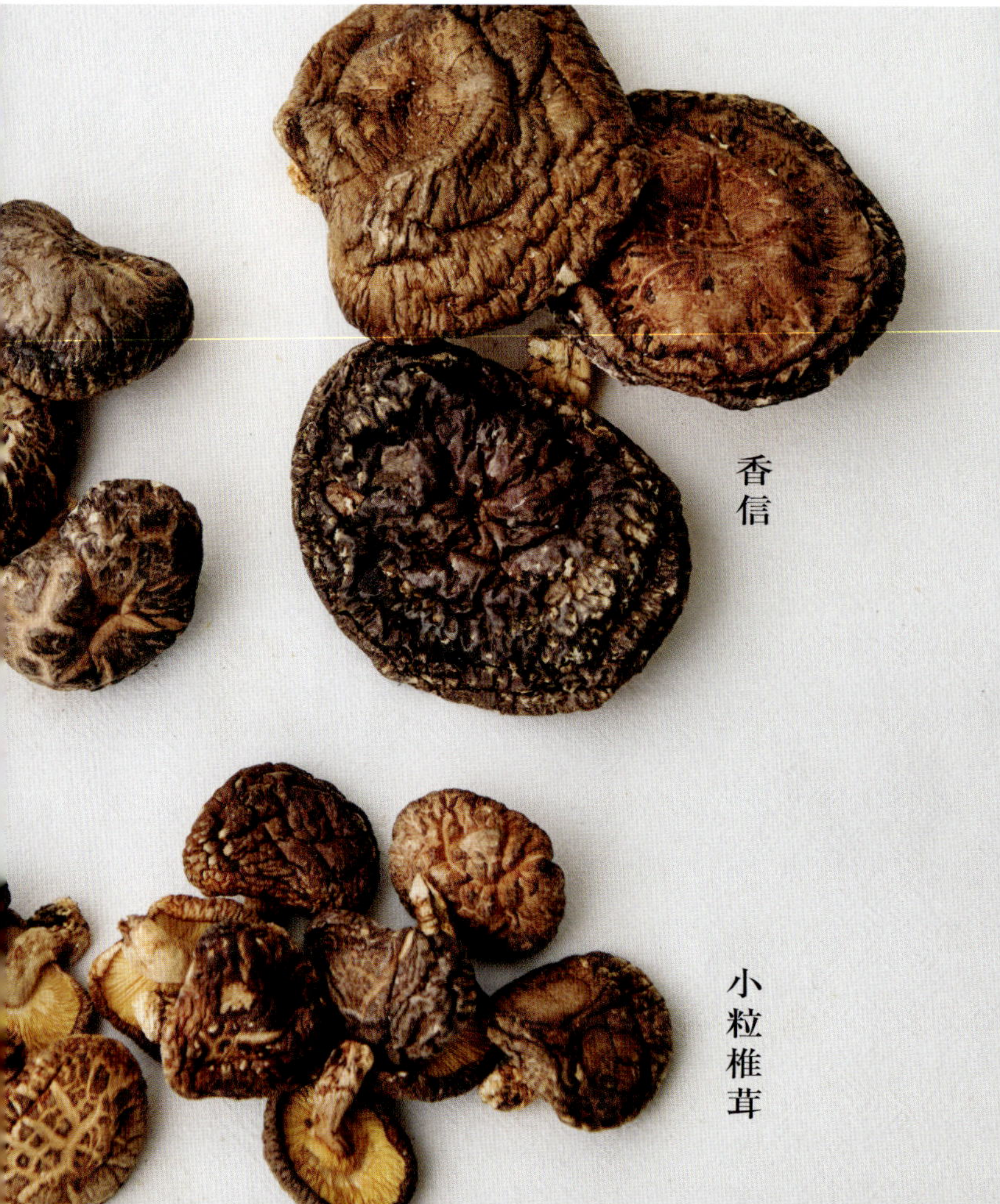

ころんとした姿が愛おしい

みなさんにとって、干し椎茸は身近な食材でしょうか。私は店頭に立ち始めたころ、手間がかかりそうと思っていたので、使っていませんでした。しかし常連のお客様が異口同音に「これおいしいね」「これ便利やね」とひとこと添えて大事そうに買っていかれるので興味がわいてきて使ってみました。生の椎茸にはないうまみや栄養、保存力の高さに魅了され、今では我が家の必需品です。

冬菇《どんこ》は噛んだときにお出汁がじわっとにじみ出るのがおいしい煮物に、香信《こうしん》は刻む料理、小粒は佃煮に便利ですが、自由に楽しんでください。

まずは椎茸の含め煮を作ってみてください。干し椎茸のよさを実感できると思います。

冬菇

栄養

ビタミンDや食物繊維など、生理機能成分の宝庫です。脂質の代謝、血圧正常化、腎機能障害をやわらげるといわれるエリタデニンは水溶性で戻し汁に溶け出しています。ぜひ戻し汁も無駄なく使ってください。

選び方

かさの表面が茶色で、つやのあるものを選びましょう。

戻し方

さっと洗い、たっぷりの水につけてやわらかくなってから調理に使います。大きさによって2~3時間で戻ります。干し椎茸は目利きも大事ですが、戻し方でよりおいしく食べられるともいわれています。

冷蔵庫で半日ほどかけると椎茸も戻し汁もおいしさが増します。

水につけたまま冷蔵庫で2~3日もつので、冷蔵庫に入れっぱなしにしながら椎茸と戻し汁、両方少しずつ使うのも便利です。

椎茸の含め煮

材料　作りやすい分量

干し椎茸……50g
出汁……300ml
（とり方→66ページ）
椎茸の戻し汁……200ml
A 砂糖……大さじ1強
酒……大さじ3
薄口しょうゆ……大さじ2弱
塩……少々

作り方

1 椎茸を戻す（戻し方は上記参照。戻し汁はとっておく）。
2 鍋に1、出汁、戻し汁を入れて火にかけ、Aを右から順に入れ、煮立ったら弱めの中火で10分煮る。
3 味見をして、好みの味にととのえ（18ページ参照）、さらに約15分、煮汁が少なくなるまで煮る。火を止めて冷ます。

◆私の好みは小粒椎茸。粉山椒をふると、日本酒やワインにも合います。

のり

焼きのり

素のり

食卓の必需品

我が家では、みんながごはんを食べ始めたら、1／4にカットした焼きのりを希望の枚数渡していきます。食卓に置いておくと湿気ってしまうので、さっと渡して袋のチャックをしっかり閉めて冷蔵庫に戻します。

焼き魚やお刺身とごはんを巻いて食べたり、ちぎって納豆やサラダにかけたりと、好きなように楽しみます。手渡すだけで、不足しがちな栄養をたくさんとることができます。

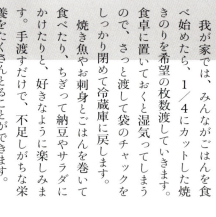

のりはビタミンとミネラルの宝庫。貧血予防、疲労回復など、さまざまな年代の人にとってうれしい栄養がたっぷり含まれています。

特に注目したいのはビタミンB_{12}。葉酸と協力して赤血球をつくり、細胞の新生にも働くため、子どもの成長期にとりたい栄養素です。焼きのりの2／3枚分で幼児の一日の目安の摂取量がとれます。
おにぎりに巻くなど、たくさん食べて元気に過ごしてください。

選び方

のりは、黒くてつやがあり、口に含んだときにふわっと香りが広がり、厚みがあるのに口解けのよいものを選んでください。

保存方法

密閉できる袋に入れて冷蔵庫で保存します。あらかじめ使いやすい大きさに切っておくのもいいでしょう。

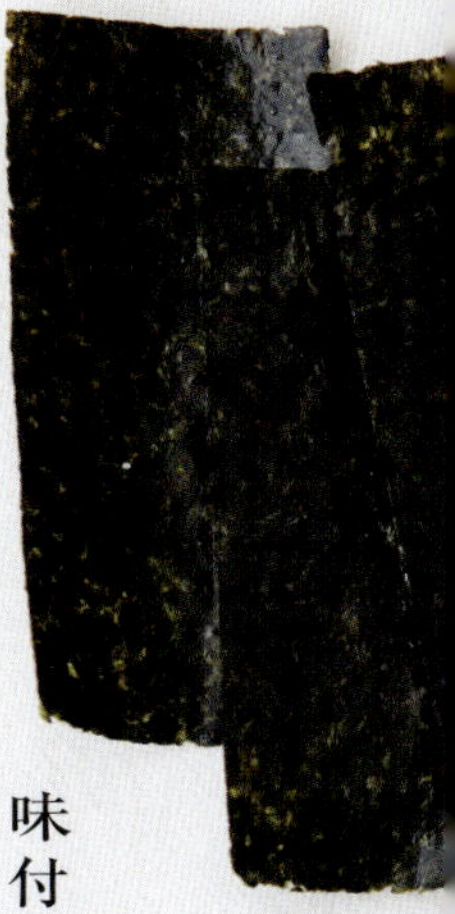
味付けのり

もみのり

豆知識

乾物屋で働くようになって驚いたことのひとつに、青のりは隠れた人気者ということです。

上質な青のりの存在感ある香りをぜひ味わってほしいです。上質なものは歯に挟まりにくいといわれています。青のりは血圧を調整するカリウム、酵素の働きをサポートするマグネシウムを豊富に含んでいます。

のりごはん

作り方

1　味付けのり（または焼きのり）の上にごはんをのせて、くるっと巻いていただく。六つ切りののりを縦に巻くと、子どもが持ちやすくて食べやすい、ふた口サイズのかわいいのり巻きになります。

◆のり巻きごはんをおいしそうに頬張る子どもの姿はかわいらしく、幸せな気持ちになります。子どもはご機嫌になり、たくさんお話をしてくれます。

おいしく楽しい時間を

ひじき

煮物はお弁当のおかずに大活躍

芽ひじきは茎から出た枝葉の部分で、長ひじきよりもやわらかいといわれています。長ひじきは茎の部分で、歯応えがあるといわれますが、ひとつの目安です。というのも、ひじきは育った海の栄養分や海流の影響を受けます。また、その後の乾燥までの加工も一律ではなく、品質に影響します。色が黒く、よく乾燥していることを目安に、味や食感のお気に入りを見つけてください。

国産のひじきは100％天然物です。満潮時には荒波にもまれ、干潮時に直射日光を浴びることにより、身のしまったおいしいものがとれます。

輸入品は波の静かな海域で常に海水につかって養殖されており、天然物に比べてコシがないことが多いようです。

栄養

ひじきといえば鉄分というイメージですが、亜鉛、カルシウム、マグネシウムなど、体の機能を正常化してくれる栄養素がたっぷり含まれています。

戻し方

芽ひじきも長ひじきもたっぷりの水につけて、15分ほどたったら様子を見て、やわらかくなっていたらザルでこしながら2回ほど水を替えてさっと洗います。

ひじきの煮物

材料 作りやすい分量

乾燥ひじき……25g
油揚げ……1枚
にんじん……1／2本
出汁……500ml（とり方→66ページ）
A 砂糖……小さじ1弱
酒……大さじ2
薄口しょうゆ……大さじ2〜3
塩……少々

できたてはたっぷりのお出汁といただいて

作り方

1 ひじきを戻す（戻し方は上記参照）。ザルにあげて水けを絞る。
2 油揚げは5㎜幅、3㎝長さの短冊切りに、にんじんは3㎝長さの細切りにする。
3 1、2を鍋に入れて出汁を注ぎ、火をつけてAを右から順に入れる。沸騰したら15〜20分ほど中火で煮る。味を見て、好みの味にととのえる（18ページ参照）。さらに2分ほど火を加える。

◆日に日に味がしみておいしくなります。

切り干し大根

お台所に いつもいてほしい乾物

切り干し大根は戻したあと、火を通さなくてもいい乾物です。戻しただけの切り干し大根をあえ物や酢の物に入れて、パリパリとした食感と凝縮された大根の甘味を楽しんでください。戻さないで軽く洗うだけでお味噌汁に直接入れてもいいです。お味噌汁と相性のいい生の大根と比べて、切り干し大根は包丁で切る手間がいらず、食物繊維は約15倍、そのうえ鉄やカルシウムも豊富です。

そして、切り干し大根といえば煮物。副菜やお弁当のおかずにぴったりです。戻し時間も炊く時間も短いので、調理時間が短いのも助かります。

作りたてもおいしいのですが、天然のお出汁で炊くと日に日においしくなるので、飽きずに喜ばれ、常備

菜としても大活躍。冷蔵庫から取り出した冷たいままの煮物は温かいごはんと相性がよく、幸せな残り物です。

栄養

大根といえば食物繊維。生大根100gに含まれる食物繊維も切り干し大根ならたったの7gでとれます。鉄やカルシウムも豊富。切り干し大根の食物繊維は不溶性なので、水で戻しても流れず大根に残っています。

選び方

しっかり乾燥していて淡い黄色のものがよいといわれています。

保存方法

冬場は常温で保存できますが、梅雨時期や夏場は色が褐色になり、においがきつくなりますので、冷蔵庫で保存してください。褐色になるのは、切り干し大根のアミノ酸と糖が反応したためで、食べられないことはありません。甘味が増しています。

戻し方

さっと洗い、たっぷりの水につけて15分ほどおき、水けをしっかり絞ります。戻し率は約5倍。

切り干し大根の煮物

出汁のよさを感じる一品

材料 作りやすい分量

切り干し大根……25g
油揚げ……1枚
にんじん……1／2本
出汁……500ml（とり方→66ページ）
A 砂糖……小さじ1
酒……大さじ2
薄口しょうゆ……大さじ2弱
塩……少々

作り方

1 切り干し大根を戻して水けを絞る（戻し方は上記参照）。

2 油揚げは5㎜幅、3㎝長さの短冊切りに、にんじんは3㎝長さの細切りにする。

3 鍋に1と2を入れて出汁を注ぎ、火をつけてAを右から順に入れる。沸騰したら15～20分ほど中火で煮る。味を見て、好みの味にととのえる（18ページ参照）。

車麩《くるまふ》

もっちりなめらかな食感

もっちりとして食べ応えがあり、副菜だけでなく主菜としても食卓で活躍する車麩。小麦粉から作った生地を棒に巻き、直火で焼き上げます。

かつて、焼き麩は栄養価も保存性も高いことから、寒い地方で貴重なたんぱく源でした。今は全国各地で作られていますが、その名残か北陸地方のものは大きくて重く、西日本のものはふんわり軽いのが特徴です。どちらも出汁やあえ物の下地をたっぷり吸っておいしくいただけます。

貴重なたんぱく源として愛されてきた車麩は、肉の代わりに精進料理で食べられています。植物性たんぱく質とミネラルが豊富な麩は大豆製品と一緒に食べると栄養的に完璧といわれていますので、ぜひお味噌汁に入れてください。

戻し方

ボウルに車麸を入れ、車麸がつかるように水もしくはぬるま湯を注ぎ、ときどき裏表を返しながら15分ほどおきます。かたいところがなくなれば完了。戻し率は約4倍です。

戻したあとは、形を崩さないよう車麸を両手に挟んで水けをしっかりと絞ります。水分を絞るほど味がよくしみ込むのでおいしく仕上がります。

豆知識

南北朝時代からさまざまな場面で食されてきた麸は、江戸時代初期から庶民でも楽しめるようになり、麸の製造業者も生まれました。禅寺、茶道家、料亭が集まる京都には麸師たちが集まっていた「麸屋町通り」の地名が残っています。

麸チャンプルー

食べ応えたっぷり

材料　4人分

- **車麸**……小8個（40g）
- 豚薄切り肉……100g
- キャベツ……1／8個
- にんじん……1／3本
- 卵……2個
- しょうゆ……大さじ1
- 塩、こしょう……各適量
- ごま油……適量
- 削り節……適量

作り方

1 車麸を戻し、しっかり水けを絞って4等分する（戻し方は上記参照）。

2 ボウルに卵を溶いて軽く塩・こしょうをふったら、車麸を加えてつけておく。

3 豚肉、キャベツはひと口大に切る。にんじんは食べやすい大きさの短冊切りにする。

4 フライパンにごま油を熱し、車麸を炒めて火が通ったら一度取り出す。

5 キッチンペーパーでフライパンの油を拭き取り、再び油をひいて豚肉、にんじん、キャベツの順に加え、塩・こしょうをふり炒める。

6 具材に火が通ったら車麸を入れ、混ぜ合わせてしょうゆを加える。器に盛り、削り節をたっぷりのせる。

◆削り節は血合いありの花かつおがおすすめです。

高野豆腐

口どけよく、お出汁じんわり

「高野豆腐って簡単でおいしいお助けメニューやわ」

「高野豆腐っておいしく炊くのが難しいわ」

店頭でお客様の意見が分かれる高野豆腐。みなさんはどちらですか。

高野豆腐の含め煮は、お出汁の中に戻した高野豆腐を入れて弱めの火で炊くだけです。おいしいお出汁とやわらかくて口どけのいい高野豆腐の準備さえできれば、とびきりおいしい含め煮が作れるようになります。

高野豆腐の含め煮は普段のおかずにもいいですし、素敵な器に盛っておもてなしにもぴったり。子どもも大人も大好き、ごはんにも日本酒にも合います。時がたっても「おいしかった」の声をたくさんいただいた高野豆腐の含め煮。ぜひ、おいしく作れるようになって、大事な人の心を温めてあげてください。

栄養

大豆から作られるのでたんぱく質、不足しがちな鉄やカルシウムといったミネラルも豊富です。

戻し方

ぬるま湯につけて15分ほどおきます。大きくなったら取り出して、両手の平で挟んで形を崩さないようにやさしく水けを絞ります。ボウルに新しい水を張り、高野豆腐をさっとくぐらせたら同じ要領で水けを絞ります。

水につけて1分ほどで包丁で切れる程度のやわらかさになればそのまま調理することもできますが、やわらかく食べたいときはしっかり戻します。商品の指示も参考にしてください。

高野豆腐の含め煮

材料　作りやすい分量

高野豆腐……3枚
味付き出汁……500㎖
(味付き出汁の作り方→76ページ)
砂糖……小さじ1

作り方

1 高野豆腐を戻し(戻し方は上記参照)、やさしく水けを絞る。十字に包丁を入れて4等分する。

2 鍋に味付き出汁、砂糖を入れ、火をつけて高野豆腐を入れる。沸騰したら弱火で15分煮る。

◆高野豆腐の含め煮は少し甘いほうがおいしく仕上がります。炊き上がりにゆでたグリーンピースを入れ、溶き卵でとじてもおいしいです。

冷めるとより
おいしくなる

きくらげ

黒きくらげ

黒も白も日常に取り入れて

きくらげはコリコリした食感が楽しい乾物です。

黒きくらげは中華料理、白きくらげはシロップ煮などのデザートのイメージですが、戻し時間も比較的短く味にクセがないので、いろいろなお料理に合わせやすい食材です。さっと戻して、炒め物やスープに気軽に使って、きくらげの栄養をたっぷり取り入れてください。

黒きくらげは貧血予防、白きくらげは体に必要な潤いを与えてくれるといわれています。潤いは肌だけに限らず、体の中の粘膜にも効果があり、免疫力を上げてくれます。また、喉を潤し咳を鎮めるともいわれています。

きくらげが入っていると、特別感

白きくらげ

を感じませんか。ぜひ常備して、冷蔵庫に野菜の買い置きが少なくて困ったときに活用してください。

栄養

食物繊維が豊富で不老長寿の食材といわれています。貧血を防ぐ鉄と亜鉛、脂質の代謝を促すビタミンB_2も多く含まれます。カルシウム、その吸収を促すビタミンDも豊富です。

選び方

肉厚で、よく乾燥していて軽いものを選びましょう。

戻し方

さっと洗い、たっぷりの水につけて15～20分ほどおき、石づきは切り落とします。戻し率は、黒きくらげは約10倍、白きくらげは約12倍。

黒きくらげと春雨のスープ

しょうがとごま油で中華風

材料　2人分

- 黒きくらげ……3g
- 豚薄切り肉……80g
- 春雨……15g
- キャベツ……1／8個
- にんじん……3cm
- 乾燥しょうが……5枚
- 味付き出汁……600mℓ
(味付き出汁の作り方→76ページ)
- 塩、こしょう……各適量
- ごま油……適量

作り方

1　きくらげを戻す(戻し方は上記参照)。

2　キャベツはひと口大に切り、にんじんは短冊切りにする。きくらげ、豚肉は食べやすい大きさに切る。

3　鍋に味付き出汁、春雨、しょうが、2を入れて中火で煮る。塩で味を調整する。器に盛り、こしょうをふり、ごま油をたらす。

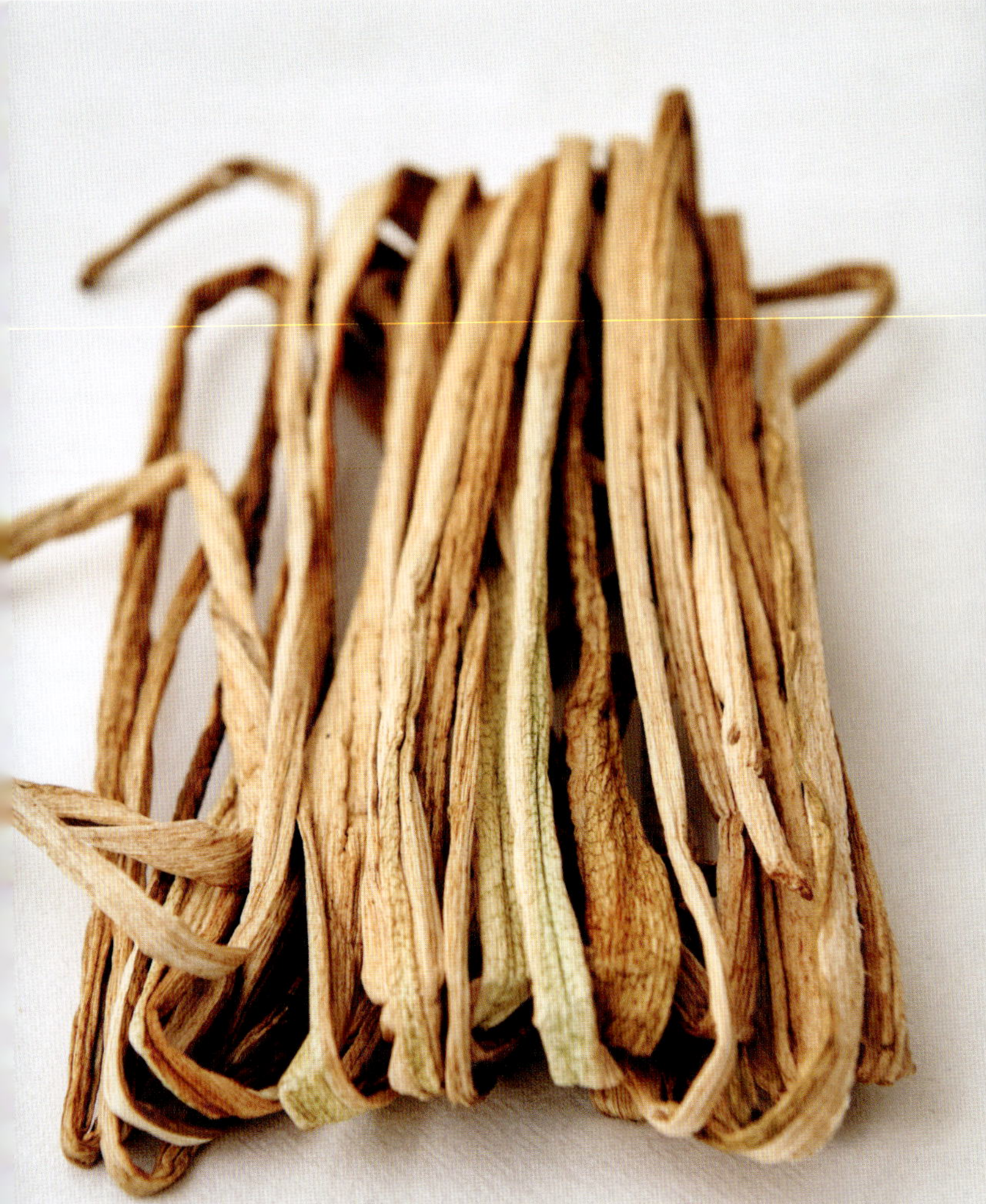

芋がら（ずいき）

調理中の変化も楽しい

芋がらは里いもの茎を乾燥させたものです。ひものような見た目ですが、戻すのは意外と簡単で、みずみずしく、シャキシャキ感が楽しいと食卓で喜ばれます。クセのない味なので使いやすく、煮物やあえ物にしておいしくいただけます。お料理中、芋がらがみずみずしい食材に変化していく様に少し感動し、楽しくなります。それも乾物料理の魅力のひとつで、その変化の楽しさを一度経験していただきたいです。

芋がらは鉄分が豊富で、きれいな血を作るだけでなく、古血を出すといわれ、産後の女性の回復食とされてきました。少し前までは「娘が出産しましてん」とお母様がよく芋がらを買いにお店へ来られていました。また、戦国時代には芋がらを味噌で

煮て乾燥させ、腰に巻いて携帯し、少しちぎってお湯を注ぎ味噌汁にしたそうです。強かったといわれる戦国武将の力の源だったようです。体を元気にする食材であることがよくわかります。

みなさんもぜひ、まずはお味噌汁から始めてみませんか。

栄養

回復食として重宝されてきた芋がらですが、代謝を促すビタミンB群も豊富。冷え改善にもよい食材です。食物繊維もたっぷり含むので、腸に不調を感じる人にもおすすめです。

戻し方

さっと洗い、たっぷりの水に5分ほどつけます。しんなりしたら沸騰した湯で5分ほどゆで、冷水でさっと洗ってアクを抜き、水けを絞ります。戻し率は約7倍です。

芋がらのごま酢あえ

材料 作りやすい分量

- 芋がら……30g
- **A**
  - すりごま……大さじ6
  - 砂糖……大さじ1
  - 酒……大さじ1
  - 薄口しょうゆ……大さじ1
  - 濃口しょうゆ……大さじ2〜3
  - 出汁……大さじ2
  - すし酢……大さじ1

作り方

1 芋がらを戻し、3cm長さに切る(戻し方は上記参照)。

2 ボウルに**A**を入れて混ぜ合わせ、芋がらを加えてあえる。

食べ慣れていない人も喜ぶ

桜えび

小さいけれど存在感は抜群

桜えびはそのまま食べても香ばしくておいしいですし、そのうまみをいかしてさまざまなお料理に使えます。

静岡県駿河湾の特産品で、天日干しするとピンク色になることから「桜えび」と呼ばれています。

私がストックしている乾物は副菜になることが多いので、主菜が欲しいときは桜えびと冷蔵庫にある野菜と青のりでかき揚げにします（43ページ参照）。買い物に行かなくても家にあるもので作ることができて便利です。さらに家族が「おいしい！」とモリモリ食べている姿を見て、保存ができることだけでなくおいしいことも大事だと思っています。

栄養

桜えびは殻ごと食べられるのがいいところ。殻にはカルシウム以外に、アスタキサンチンという強い抗酸化力をもつ天然色素が含まれています。抗酸化成分は老化や病気から体を守る大切な成分。

選び方

しっかり乾燥していて、色と形がきれいなものを選んでください。

豆知識

「干しえび」は赤えびを乾燥させたもので、桜えびより出汁のうまみが強く、中華風のスープなどに使われます。

香ばしくて
おいしい。
栄養も満点

桜えびのサラダ

材料 4人分

桜えび……10g
レタス……1／2個
玉ねぎ……1／2個
アスパラガス……1束
大葉……10枚
きざみのり……適量
(家にあるのりをカットしたものでも)
すりごま……適量
(好みで)ドレッシング……適量

作り方

1 ひと口大に切ったレタス、薄くスライスした玉ねぎ、細く刻んだ大葉を冷たい水にさっとひたしてザルにあげ、しっかり水けを切る。

2 アスパラの根元を切り落とし、根本から3〜5cmをピーラーでむく。鍋に湯をわかして塩(分量外)を入れ、1〜2分ゆでて3cm長さに切る。

3 1と2を皿に盛り、桜えび、きざみのりをのせ、すりごまをふる。好みでドレッシングをかけていただく。

◆うまみが強いのでドレッシングはいつもより少なめにかけるのをおすすめします。桜えびやごま、のりの風味を楽しんでください。

そうめん

手延べそうめん

毎日食べても飽きない名品

蒸し暑い京都の夏、ひんやりのど越しのよいそうめんは、ひと時の涼を与えてくれます。

田邊屋のお客様から「ひと夏飽きずに大事にいただいています」とのお声をいただく三輪そうめんがあります。

奈良の三輪の地のそうめんに適した小麦と清水に、風味を損なわないよう最低限の塩と油を加えた生地を限界まで細く延ばしたそうめんです。

手延べそうめんは刃物で裁断するのではなく、生地を伸ばしながら細くしていきます。寒い時期、かたく伸びにくい生地を熟成させ、頃合いを見て少しずつ伸ばすことでコシが生まれます。

口当たりがよく、のど越しなめらかで、細いのにコシがある。すべてが心地よくあまりにおいしいので、冷たいつゆと少しの薬味だけでいただくのが一番おいしいです。ゆで時間が30秒と、短いことも助かります。

保存方法

におい移りや高温多湿を避けて保存します。また、湿度の高いところに置いておくと虫が出ることもあります。湿度が低く、風通しのいいところで保存を。

おいしいゆで方のコツ

・たっぷりの湯でゆでるとゆでムラが出ない。
・乾めんは数秒でもゆで上がりに大きな差が出るので、時間は正確に。
・ゆでている間、めんが傷むのを防ぐため、むやみにかき混ぜない。
・ゆで上がったら、たっぷりの冷水で一気に冷やし、めんを引き締める。めんのぬめりが気になるときのみ揉み洗いをする。
・水切りは充分にする。
・乾めんは水分を吸うので、おいしい水でゆでるとよい。

青のり香る桜えびのかき揚げ

材料　4人分・約20個分

桜えび……20g
玉ねぎ……1個
小麦粉……1カップ（冷蔵庫で冷やしておく）
酒……大さじ1
卵……1個
青のり……大さじ1〜2
揚げ油……適量
ごま油……大さじ2
塩……適量

そうめんに添えるおいしいかき揚げ

作り方

1 玉ねぎを約1cm幅の細切りにする。
2 計量カップに卵を割り入れ、酒を加える。合計200mlになるように冷水（分量外）を足して、さらに混ぜる。
3 ボウルに小麦粉と**2**を入れ、ダマが残るくらいに軽く混ぜる。さらに、桜えび、玉ねぎ、青のりを加えて軽く混ぜる。
4 鍋に油とごま油を加え、170℃に熱する。**3**を箸ですくってまとめながら直径5cmほどの大きさに揚げる。ほんの少し塩をふる。
5 皿に盛り、塩を添える。

◆工程**3**で衣が冷たくなければ氷を1〜2個入れます。
◆工程**4**で具材がまとまりにくければ、衣に小麦粉大さじ1を足して上手に加減してください。
◆しょうゆや天つゆでもおいしくいただけます。

ごま

味わい深く香ばしい

世界中で愛されているごま。風味豊かで料理をおいしくしてくれるだけでなく、栄養価も高い優秀な食材です。

ごまは種実類。畑に種をまくと成長して花が咲き、実がなります。実にたくさんの種子ができ、これがごまとして食されています。

ごまには、白、黒、金の種類があります。お料理の色を美しく見せたい場合は白または金を使うといいでしょう。ごまの袋を開けたときに、ふわっと香ばしい香りがするのがいいごまである目安です。

日本食のいいところに、「所作の美しさ」があります。いりごまをすり鉢でする姿が家にあるのはいいものです。ゴリゴリすりこ木をまわす音、プチプチ弾けて変化していくごまと、増していく香り、なかなか楽しい時間でもあります。

栄養

ごまは脂質を多く含み、なかでもリノール酸やオレイン酸といった不飽和脂肪酸はコステロール値を改善する効果があるといわれています。また、ごま特有のゴマリグナンは老化予防が期待できる成分です。

これらの成分をより多く吸収できるのはいりごまよりすりごまです。パラパラとかけるだけで簡単に栄養をとることができるので、日常に取り入れてみてください。

ごまたっぷり酢の物

材料　2人分

きゅうり……1本
塩……小さじ1／3
A すし酢……大さじ2
　すりごま……大さじ2
糸かつお（血合い抜き）……5g

野菜だけで
うまみたっぷりの
ご馳走酢の物

作り方

1　きゅうりを薄切りにしてボウルに入れて塩をふり、しばらくおく。水分が出てきたらしっかり絞る。

2　1にAを加えてあえる。

◆トマトがおいしい季節にはトマトも入れてください。

◆好みの味のすし酢があれば甘酢を作る手間が省けます。私は西陣の孝太郎さんのすし酢を愛用しています。

寒天

角寒天

海で育ち、山の風で作る

寒天は海からの贈りもの。原料はてんぐさなどの海藻です。てんぐさは伊豆地方のものが最高級品といわれ大切にされてきました。

それを長野県諏訪地方に運び、角寒天を作ります。寒天は凍っては溶けを繰り返すうちに色白になり、磯臭さが抜けていきます。内陸の山間の気候、夜間に零下10℃近くに冷え込み、日中は低温低湿の強い風が吹く自然環境が寒天作りに最適なのです。丹波地方でも寒天が作られるのは同じ理由です。

寒風吹きすさぶ厳冬の中、多くの工程が手作業です。あんみつに入った寒天の凛とした美しい姿は、このような環境で育ったからだと思っています。

角寒天は水で戻すだけでサラダや

あえ物などにも使えますし、粉寒天は簡単に溶けるので、使い慣れたらいろいろなものを固めて楽しめます。

まずは水ようかんを作って、コツをつかんでみてください。「手作りなんてすごい!」と、とても喜ばれます。その声を聞くたびに、簡単なのにこんなに喜んでもらえてうれしく思っています。

寒天のいいところは一度固まると崩れにくく、型から抜きやすいこと。また、加熱すると再び溶けるので失敗しても作り直せます。

扱い方

角寒天は、水にやわらかくなるまでつけたあと、手で小さめにちぎります。サラダや酢の物にするときは水けをよく絞って使います。1/2本(4g)で200~400㎖の水分を固められます。

粉寒天は、水で戻す必要がないので、ようかんやゼリーを手軽に作ることができます。2gで200~400㎖の水分を固められます。

どちらも、鍋に水と寒天を入れて温め、沸騰したら弱火にし、かき混ぜながら煮溶かしていきます。寒天が溶けてから、さらに2分煮るのが大事なコツです。

水ようかん

感動するひと品を夏の思い出に

材料 流し缶1個分

- 粉寒天……小さじ1(3g)
- こしあん(市販)……500g
- 砂糖……40g
- 塩……ひとつまみ
- 水……400㎖

作り方

1 鍋に水と粉寒天を入れて火にかける。かき混ぜながら温め、沸騰したら弱火にしてさらに2分煮る。

2 砂糖とこしあんを加えて混ぜて、再度沸騰したら火を止めて塩を加える。

3 水にくぐらせて水けを切った流し缶に流し入れる。

4 粗熱がとれたら冷蔵庫で冷やし固める。

◆寒天は常温でも固まります。しっかり固まるので型からも外しやすいため、流し缶でなく保存容器やプリン型でも。

◆砂糖の量はお好みで加減してください。

◆ごま塩をかけてもおいしいです。

黒豆

丹波の黒いダイヤ

毎年11月中旬ごろから、多くのお客様が「今年も黒豆お願いします」と挨拶に来られ、お店は「黒いダイヤ」の入荷を待ちわびる空気が盛り上がってきます。しかし、相手は思い通りにならない自然の恵みなので、大げさに感じられるかもしれませんが、最善を尽くしてくださる生産者さんに感謝しながら、無事入荷することを祈る毎日を過ごします。そんな田邊屋の黒豆は、丹波産の上質な新豆を手選別したもので、ぶどう豆と呼ばれています。

炊くのが難しいといわれている黒豆ですが、品質がいいと初めてでも驚くほどおいしく、美しく仕上がります。甘さの中に豆の風味も感じられて、感動のお味になります。「お正月、黒豆で私の株が上がりました」

など、炊かれた方から幸せなご報告をたくさんいただくので、ぜひ、ご紹介するレシピ（88ページ参照）で炊いてみてください。

栄養

黒豆は大豆の品種のひとつで、栄養が豊富で、なかでもたんぱく質を多く含んでいます。また、大豆に含まれるイソフラボンは女性ホルモンと似た働きを持ち、骨粗しょう症や血栓を予防してくれる効果も。黒豆の皮の色素はアントシアニンと呼ばれ、抗酸化作用があります。

保存方法

密閉容器に入れて高温多湿を避けて冷暗所または冷蔵庫で保存してください。

戻し方

さっと洗い、ボウルなどに黒豆を入れて豆より2〜3cm高いところまで水を入れてひと晩置きます。水と豆を鍋に移して火にかけ、煮立ったら弱火にして好みのかたさになるまでゆでてください。

黒豆茶

材料　1杯分

黒豆……大さじ1
熱湯……200mℓ

作り方

1　黒豆を洗い、フライパンで15分ほど弱火から中火で加減しながら乾煎りする。

2　豆の皮がはじけて香りが立ったら、カップに黒豆を移して熱湯を注ぎ3分ほどおく。きれいな紫色になれば飲みごろ。

◆お茶に使った黒豆はそのままお茶請けとして食べてもいいですし、ごはんと炊いてもおいしいです。

豊かな香りが心を落ち着かせてくれる

あずき

身近に置いて大活躍

田邊屋の大納言あずきは黒豆同様、丹波の地で最高品質のものを人の手により選別されて入荷します。袋を開けると神々しく輝いています。

季節の節目やお祝いのときに食べられてきたあずきは、体をきれいにして、新たに始まる日々を過ごす力を与えてくれるように思います。私はお台所に大納言あずきを常備して、家族や友人、自分のために「ここぞ」と感じたときや、空気の流れを変えたいと思ったときに大納言あずきを使って料理をします。

あずきのレシピには時間の表示がなく、指で確認するなどの表現が多く見受けられるのが、炊くのが難しく感じられる要因のひとつではないかと思います。あずきは品質、新旧、貯蔵の条件によって煮え方が変わるので、ゆで時間やゆでこぼしの回数を一律にいいにくい食材ですが、決して扱いにくいことはありません。12月に出てくる新物の大納言あずきは時間の目安をいいやすく、失敗なくおいしく作ることができます。一度正解がわかると、コツをつかめると思います。

栄養

赤色の成分アントシアニンは、抗酸化力が強く視力の維持に効果があるといわれます。

また、サポニンも含まれており、利尿効果や血栓を溶かす作用も期待できます。鉄や亜鉛、ビタミンB_1も含まれ、栄養価の高い乾物です。

選び方

ふっくらしているもの、色鮮やかで粒がそろっているものを選びましょう。

保存方法

瓶などの密閉容器に入れて冷蔵庫で保存するのがおすすめです。

下処理（ゆでこぼし）

ザルにあずきを入れて流水でさっと洗います。鍋にあずきとかぶるくらいの水を入れて火にかけます。沸騰したらすぐにザルにあげて湯を捨てます。これを「ゆでこぼし」といいます。

あずき茶とゆであずき

材料 作りやすい分量

大納言あずき……150g

水……1ℓ

作り方

1 あずきを一度ゆでこぼす（ゆでこぼしの方法は上記参照）。

2 鍋にゆでこぼしたあずきを入れ、水を加えて加熱し、沸騰したら中火にして20〜30分ほど煮る。

3 あずきを指で挟み、少し力を入れるとつぶれる程度のかたさになれば完成。ゆで汁とあずきに分け、ゆで汁はあずき茶としていただき、ゆであずきは料理に使う。

◆あずきの楽しみ方は52ページでご紹介します。

ゆであずきは冷凍保存することができる

ゆで時間で変化するあずきを楽しむ

あずきはゆで時間による変化を知ると気軽に楽しめるようになります。栄養もあり、特別な力を感じさせてくれるので、ぜひ、みなさんの近くに置いて、健康で豊かな暮らしを楽しんでいただきたいです。

あるとき、お友達から「パンを焼いたから来ない?」と誘われて、身支度している間にグツグツとあずきを炊いてお土産にあんこを持って行ったらとても喜ばれました。ストックがあれば、そのくらい簡単なものなのです。

田邊屋女将の気軽な楽しみ方

新物の丹波大納言がおすすめです

あずき（150g）を軽く洗ってゆでこぼし（*51*ページ参照）、あずき＋水1ℓで煮る

→ 20分

少しかため

指で挟んで少し力を入れたらつぶれるかたさ

あずき茶（51ページ参照）、**あずきごはん**（炊飯器に2合分のといだ米、ゆであずき大さじ3、ゆで汁100㎖を入れ、水を2合の目盛りまで加えて炊く）で楽しむ。

→ さらに20分

やわらかい

指でつぶれるくらいのかたさ

ぜんざい（鍋にきび砂糖120g、グラニュー糖30gを加え、火にかける。混ぜ合わせ、塩少々を加えて味をととのえる）で楽しむ。

ぜんざいが残ったら、水分を取り除き、弱火で練って粒あんにする。

◆新物のあずきは、30〜40分煮ると、やわらかくなります。あずきは、砂糖を入れたあとはどれだけ煮てもやわらかくなりません。砂糖は、やわらかくなったことをしっかり確認してから入れます。

ぜんざいには
お餅、白玉などを
お好みで

椎茸の含め煮
→25ページ

粒あんは
生クリームや
バターと一緒に
パンに挟んで
楽しめます

Column 1

昆布とかつお節の歴史

錦市場の乾物屋としてお伝えしたい、昆布とかつお節、本当のお話。

上質な昆布は調理方法に左右されない

昆布は育った海の栄養分や海流などに影響されるため、採れる場所により特徴があります。しかし、たとえば同じ「利尻」という名前がついている商品でも、まったく同じではありません。利尻昆布が上がる浜は一か所ではなく、浜、等級、そして寝かせ方によって味に違いが生じます。昆布は寝かせると磯臭さがなくなり、甘さを感じるようないい香りがするようになります。

袋の表示と見た目だけで良し悪しの判断は難しいので、希望を話せる乾物専門店でいい昆布を手に入れるのが理想です。料理屋さん向けの昆布を扱っているお店だと、なおいいです。

プロに目利きされたよい昆布は、沸騰させても気になるほどの雑味やぬめりが出ず、水出ししても煮出しても、そして食べてもおいしいです。難しく考えなくてもみなさんの調理しやすいよう自由に使えるので、「簡単、おいしい、そして元気になる」を実現してくれます。

和・洋・中を問わない万能調味料

私の使っている真昆布は、磯臭さがなく、クセのないうまみを与えてくれるので、カレーやシチュー、季節の野菜のポタージュスープを煮込むときにも入れます。和風になるのではなく、できたてでも一晩寝かせたようなとっておきの味に仕上がります。トマトソースの酸味をやわらげるのに試行錯誤していましたが、昆布をさっと入れることで解決しました。

お出汁をとったあとの昆布は、栄養もうまみも抜けています。少しかじってみると実感されると思います。ですから、あまり手間のかかる再利用はしませんが、野菜の下ゆでをするときに入れたり、煮魚の落としぶたの代わりに使ったり、細く刻んで味噌汁やあえ物に入れたりしています。

　このように、昆布は大活躍してくれます。栄養もとれるので、常備してたくさん使ってください。私のお台所には、コンソメの素や中華スープの素が必要なくなりました。

昆布ロードと関西の昆布好き

昆布の生産地は北海道ですが、その多くを消費しているのは、北陸、近畿地方、沖縄です。生産地の北海道から遠く離れた地域で昆布を使った伝統食を発展させた存在があります。江戸時代中期から明治の終わりごろまで栄華を極めた、動く総合商社といわれた北前船《きたまえぶね》です。北海道から昆布を広めたこの航路を「昆布ロード」と呼びます。

鎌倉時代には蝦夷《えぞ》地の松前港から越前の敦賀や小浜に運ばれ、そこからは陸路で京都、奈良、大阪に運ばれていました。しかし、鯖街道と呼ばれるこの陸路で運ぶのは大変でした。江戸時代中期になると、北前船の出現により松前、江差の2港から日本海を通って下関まで行き、瀬戸内海を通って大阪まで行けるようになり、関西で昆布が手に入りやすくなりました。その後、九州や沖縄、品川（江戸）までつながります。

　北前船は弁財船《べざいせん》と

呼ばれる、櫂《かい》や櫓《ろ》でこぐ必要のない帆船で、日本海の潮の流れに乗って進むことはできましたが、太平洋の潮の流れでは沖に流されてしまい、関東にたどり着くことができなかったため、西まわりの航路となり、関西で昆布が親しまれました。

製法によって変わるかつお節の呼び方

かつお節には「荒節」と荒節をカビで発酵させうまみと保存力を増した「本枯節」とがあります。市場に出ているかつお節の9割は荒節です。

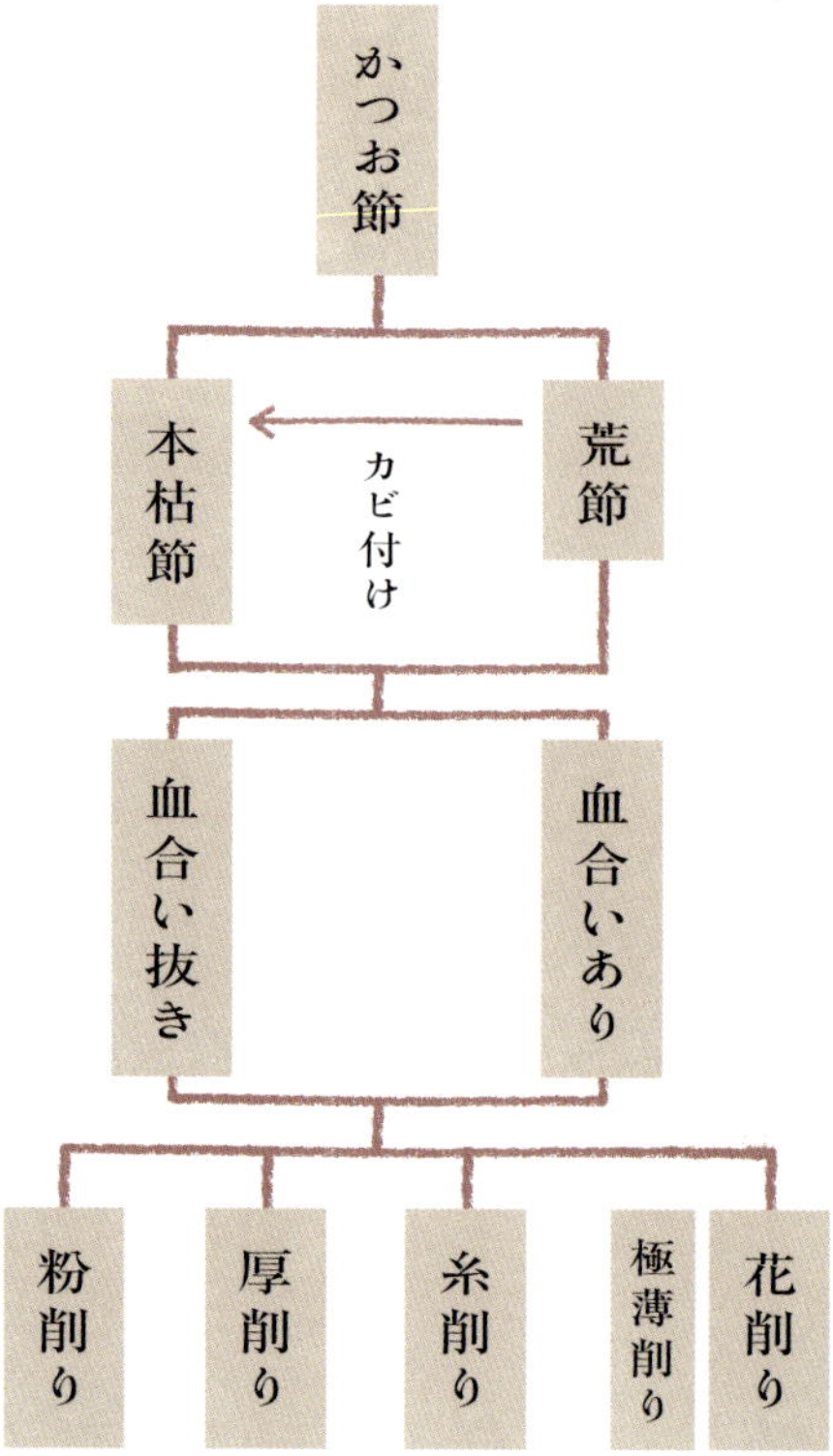

荒節と本枯節には、それぞれ血合いの部分を含むものと取り除いたもの、「血合いあり」「血合い抜き」があり、さらにそれらを「花削り」「糸削り」「厚削り」「粉削り」にします。花削りには向こう側が透けて見えるほどの「極薄削り」もあります。

また、かつお節は水揚げされたかつおの選別から始まり、多くの工程で人の手が入るので、その作業のこだわりによっても違いが生じます。

このようなことを参考にかつお節選びを楽しんでください。

改良を重ねて完成した本枯節

かつおは世界の暖海に住む回遊魚。春に太平洋の黒潮に乗って北上する「初かつお」、秋に三陸沖から房総半島に南下してくる「戻りかつお」は日本で親しまれています。

このような背景から、昆布が日本海を通って発展したのに対し、かつお節は太平洋側で発展してきました。初めてかつおを干した記録は『古事記』にあります。長い年月をかけて、今のかつお節になっていくのですが、カビ付けの技術が発展したのは江戸時代初期から中期で、紀州出身の甚太郎親子が土佐で本枯節を完成させました。この技術は当初、紀州と土佐だけのものでしたが、のちに紀州出身の土佐与一らが房総、焼津、伊豆、薩摩に広めます。当時の紀州と土佐の関係が気になります。

縁起物として重宝 勝男武士（かつおぶし）を贈る

かつお節は芸術品のような美しい姿、その名前、神聖な場にふさわしい崇高な香り、保存がきくことから、縁起物として重宝されてきました。本節のスラッとした背中側を雄節《おぶし》、丸みのある腹側を雌節《めぶし》と呼んで対《つい》にし、結婚式の引き出物に使われてきたことはよく知られていますが、かつお節の引き出物としての発祥は、戦国時代の出陣時と『仮名説』に記されています。

はじまりは「勝って兜《かぶと》の緒を締めよ」との名言を残した後北条家2代目当主・北条氏綱。1537年の夏、小田原の沖にかつおを釣る船が多く出ていることを知った氏綱は、その勇ましい情景を肴に酒宴をしようと小舟で乗り出します。漁師の勇壮な有様に興じていた氏綱の船にかつおが1尾飛び込みました。「勝負に勝つ魚だ」と大喜びし、間もなく出陣した氏綱は、戦に連勝して領地を広げます。それから氏綱は小田原の武士が出陣する際に必ず、かつお節を引き出物としたそうです。「勝男武士」とも表記されてきたかつお節、大事な方の人生の勝負のとき、勝利と健康を願って贈ってみてはいかがでしょうか。

Column 2

生産現場を訪ねて

かつお節ができるまで

三百余年の伝統ある製法でかつお節を作られてきた鹿児島県枕崎市にある的場水産さんにお邪魔して、かつお節(本枯節)の製造工程を見せていただきました。

時代が変わっても変わらぬ味を届けるために

かつお節作りは工程が多く、1本の本枯節ができるまでに長い時間がかかります。多くの工程は複雑で繊細なため、職人の技術が欠かせません。

「すべてを機械化すれば、おいしさが損なわれます」と的場社長。

的場水産さんでは、本物の味を食卓に届けるために味の決め手となる工程は人の手で、安心・安全は機械の力も借りながら、変わらぬおいしさを食卓に届ける努力をされています。

朝6時30分、枕崎漁港にて。太平洋西部の赤道付近で獲れ、瞬間冷凍されたかつおが運び込まれていた。運び込まれたかつおは人の手によってサイズごとに選別される。

朝7時、鐘の音とともにかつおの入札が始まる。各かつお節加工業者がサイズごとに必要な数量、金額を木札に書き入れ、入札台へ投げ込み、一番高値がついた札が読み上げられ、次々と競《せ》り落としていく。

職人の方々の姿や言葉から、おいしいものは手間と時間をかけるだけでなく、「おいしく仕上がってほしい」と願い、技の鍛錬を怠らず、一瞬の気の緩みも許さないからこそおいしく、感動するかつお節が完成すると実感しました。

かつお節は作り手が違えば味も違います。削り節を手に取るとき、口に運ぶとき。生産に携わる人々が込める味への思いや生産される土地の空気、海の香りを感じてみてほしいです。

なお、かつお節に向いているのは脂の少ないかつお。削り節にしたときのおいしさや美しさを考慮して選ばれます。

的場水産
的場信也さん

1 なまり節を作る

生切り

枕崎漁港で水揚げされた冷凍のかつおを解凍し、頭を切り落とし、おなかの内臓を取り除いて3枚におろします。そこからさらに背中側（背節）とお腹側（腹節）に切り分け、1尾のかつおから4本の節を作ります。

生切り 作る工程で捨てるのは血液だけ。身は節に、頭・骨は肥料・飼料や魚油などに、内臓は塩辛に加工される。

籠立て

切り分けたかつおの身はセイロと呼ばれる籠に並べて積み上げます。ここで節の形の美しさが決まる重要な工程。慎重に、丁寧に、まっすぐ並べていきます。

籠立て 曲がった状態で火を通してしまうと、そのあと形を変えることはもうできない。

煮熟

籠立てしたかつおは沸騰前の90℃程度の湯を張った釜で、魚体サイズによりますが、120〜180分ほど煮込みます。この工程で生臭さが取れて身が引き締まり、骨を取り除きやすくなります。

骨抜き

煮上がったかつおの身を冷ましたら、骨を1本1本取り除き、背中側の鱗《うろこ》の部分を2分の1、お腹側の鱗の部分を3分の1剥《は》ぎ取り、皮目は残します。機械化できない大切な作業です。

修繕

亀裂や骨を抜いた跡にはかつおのすり身を埋め込んで修繕します。この作業を行うことで、仕上がりが美しく、身割れやカビの侵入を防ぐことができます。

煮熟 沸騰した湯に入れると身割れや身崩れを起こすため、温度管理が重要になる。

2 焙乾して荒節を作る

ナラ、クヌギ、カシなどの広葉樹の薪を焚き、かつおを乾燥させる作業を「焙乾《ばいかん》」と呼びます。18〜30時間ほどかけて熱風にさらすことで水分を飛ばし、煙で燻《くん》をつけます。かつおの状態やサイズだけでなく、その日の気温、湿度、薪の状態によってかかる時間が変わるため、見極めは職人さんの腕の見せ所。2週間ほど焙乾を繰り返し、荒節ができあがります。

焙乾 最初は熱風乾燥室で1日かけて30〜40%まで一気に水分を落とす。その後、急造庫と呼ばれる部屋に移し、18〜20%まで水分量を落とす。水分量が減るほど、断面が結晶のようになっていく。

3 表面を削り、裸本節を作る

焙乾工程が終了した荒節を品質によって選別したあと、表面に付着したタール分と、にじみ出た脂肪分をサンドペーパーできれいに削り落とします。1本1本手作業で削る、熟練工にしかできない作業です。

4 カビの働きで かつおから本枯節へ

熱風にさらしても、まだ節の中には水分が残っています。それをうまみ成分に変える最後の大仕事をしてくれるのがカビです。温度と湿度管理がなされた温湿庫に節を運び入れ、2週間ほどかけてじっくりと一番カビが付くのを待ちます。一番カビが付いたあと熱殺菌（乾燥）をして表面上のカビを死滅させ、再び温湿庫に入れて二番カビを待ちます。表面のカビが死滅しても中にいる胞子は生きていて、節の油分や水分を栄養にしてまた育ちます。カビは節に居《い》候《そうろう》し、節から水分をもらい、代わりにうまみを渡します。そうしてカビ付けと乾燥を3～4回繰り返し、生切りをした日からおよそ4か月～半年後に本枯節となって出荷されます。

カビ付け 自然（発生の）カビを使ってカビ付けをしている。創業時から連綿と受け継がれてきたカビであり、「このカビを失えば廃業です」と言わせるほど大切な菌。

本枯節 水分量は最終的に15％前後になる。荒節よりもさらに身が凝縮し、ルビーのような美しさに。叩くと「カーン」と甲高い音が響く。音の高さで水分量を判断し、出荷の判断をする。

＊店頭で商品となっているものは叩かないでください。

Column 3

田邊屋にあるもの

おいしい食材がそろうといわれた
京都・錦市場にある田邊屋。
そんな田邊屋とお客様とのやりとりを少しだけ。

田邊屋は天保初年（1830年）に土佐出身の山内宗三郎が錦市場の現在の地に創業したと伝えられています。そのころの京都には京都御所に天皇陛下が住まわれ、宮家や公家の邸宅、全国の藩邸がたくさんありました。さまざまな人が行き交い、歴史を刻み、文化を育んできたその中心地にきれいな水に恵まれた錦市場があり、京都に滞在する要人たちの食事を食材の面で支えていました。

「ええもんがいる、ええもんでないとあかん」「まあ黙って食べてみなはれ」そんな言葉が飛び交い、よい品をやりとりしてきたことから、全国の選りすぐりの食材が集まる流れができました。

田邊屋は、長年の信頼から生産者さんは丹精こめた上質な乾物を納めてくださり、その食材の価値を理解してくださるお客様が食材に感謝してお買い求めくださる、そんなやりとりをしてきたお店です。

「大事なお客さんが来るからおいしいの作らなあかんし、田邊屋さんに来ました」「味にうるさい人をもてなすから、いつものおいしいの頼むで」

常連のお客様が、そんな挨拶でお店に入って来られます。そしてしばらくすると、幸せそうなお顔で、「この間はみなさんにおいしいと感動してもらいました。ほんまおおきに」など、お礼を言いに来てくださいます。

取り扱っている食材は思い通りにならない自然からの恵み、お取引先のみなさまの努力の賜物《たまもの》です。ありがたいことに、みなさまの互いを思いやるやさしい思いがあふれているお店です。

第2章 味わい深いお出汁の料理

素材のうまみを
引き出してくれる出汁は、
和食作りには欠かせないもの。
おいしい出汁のとり方、
その出汁を使った料理を
ご紹介します。

乾物屋さんと出汁

プロの料理家御用達の
乾物屋の女将が考える
「お出汁の本当の話」。

天然の素材からのうまみをしっかり含んだお出汁料理は、おいしさが体じゅうに静かに広がり、じわじわと喜びが湧いてきます。それは「おいしい」と思わず顔をあげて言ってしまうほど。ときにその喜びは食後も長く続く「余韻が残るおいしさ」です。

食後、静かな幸福に包まれるお出汁料理は、人生にさまざまな素敵なことを与えてくれます。私はその素敵な出来事のお話をたくさん聞かせてもらいました。これからお出汁料理を作ってくださるみなさまにも、その素敵な出来事が必ずやってきます。どんなことなのか楽しみに、お出汁料理を作っていただければと思います。お出汁料理は決して難しくないです。毎日でなくても、できる範囲でいいと思います。

お出汁料理を簡単にいってしまうと、主役の具材とお出汁と調味料、この3つを合わせてコトコト炊いたり、焼いたり、あえたりするだけです。

食卓に季節感や彩りを与えてくれる具材が主役で、お出汁はその主役のよさを最大限に活かす縁の下の力持ち、調味料はお出汁のサポートの役割です。お出汁のうまみが足りないと主役を活かすことはできません。さりげないけれどしっかりうまみをきかせられるのが、よいお出汁です。調味料はあとから足せ

ますが、うまみはあとから足しにくいので、お出汁が大事ということです。

充分にうまみを含んだお出汁を使えば、お料理は自然においしくなりますし、同じような味付けでも主役の具材によって味が変わるので、飽きずに使い続けられます。

お店へお出汁の相談に来られる方は、大抵、自分のとり方が悪いと思われているのですが、お出汁をとる素材を変えて解決することも多いです。その経験からいえることは、何よりも大事なことは、しっかりうまみを含んだ素材を使うこと。とり方や分量は基本を押さえる程度で大丈夫です。いい素材を準備して気持ちを楽にしてお出汁料理を楽しんでください。

昆布とかつお節でとる 基本の出汁

信頼できる素材があれば、
計量にとらわれず、
これくらいのコツで大丈夫。

用意するもの

水
真昆布
かつお節

コツをつかんで勘を働かせる

1

鍋よりひとまわり小さな昆布を水につける。深い鍋の場合、深さ約7cmごとに昆布を1枚増やす。

2

弱めの火でゆっくり温め、沸騰直前に昆布を取り出す。

3

昆布を取り出したら鍋の表面を覆うくらいのかつお節を入れ、沸騰したら火からおろし、こす。

きっちり計りたい人は

水……1ℓ
真昆布……10g
かつお節……20g

1 鍋に水と昆布を入れて20分おく。
2 1の鍋を強火で温め、70℃になったら弱火で20分間70℃を保って温める。
3 昆布を取り出し、かつお節を入れたら火を強め、沸騰したら火を消し、3分たったらかつお節をこす。

保存方法

とったお出汁は冷蔵・冷凍保存が可能。ホーローなどの容器で凍らせれば、そのまま火にかけて使うこともできて便利です。

素のりと豆腐の味噌汁

材料　2人分

出汁……500㎖
素のり……適量
豆腐……1／3丁（100g）
味噌……大さじ2

作り方

1　鍋に出汁を入れて中火で温める。沸騰直前に好みの大きさに切った豆腐、素のりを入れる。

2　沸騰したら火を止め、味噌を溶き入れる。

お好みで刻みねぎを入れてもおいしいです。

粕汁

材料 4人分

豚薄切り肉……200g
大根……3cm
にんじん……5cm
里いも……中3~4個
油揚げ……1枚
出汁……約1・5ℓ（具材より少し上にくるように加減する）
味噌……大さじ2~3
酒粕……100~150g（好みの濃度で）
長ねぎ……適量
（好みで）薄口しょうゆ……小さじ1弱

お出汁を利かせた酒粕少なめの粕汁は上品で食べやすいです。お好みで酒粕を増やしてください。

作り方

1 ボウルに酒粕を入れて熱湯（分量外）を注ぎ、やわらかくなったら湯を捨て、ヘラを使ってなめらかにする。

2 大根、にんじんはいちょう切り、油揚げは短冊切り、里いもはひと口大に切る。豚肉も食べやすい大きさに切る。

3 鍋に出汁、大根、にんじん、里いもを入れて強火にかける。沸騰したら豚肉と油揚げを加えて中火にして火を通す。

4 **3**の鍋からお玉1杯の出汁を**1**の酒粕に入れて混ぜ合わせる。

5 火を止めて、味噌と**4**の酒粕を入れ、弱火で約2分煮る。味見をして、物足りなければ薄口しょうゆを入れる。

6 お椀に盛り、刻んだ長ねぎを散らす。

◆おかわりのときは「お出汁たっぷりで!」とリクエストされることが多いので、お出汁をたっぷり使っています。この粕汁をベースに、具材は自由に楽しんでください。

菜の花とお揚げのからしあえ

材料　4人分

菜の花……1把
油揚げ……1枚
A 出汁……150ml
砂糖……小さじ1/2
酒……大さじ1
薄口しょうゆ……大さじ1
塩……ひとつまみ
練りからし……小さじ1弱

作り方

1　ボウルにAを入れてからしが溶けるまでしっかり混ぜ合わせる。

2　菜の花は茎のかたいところを切り落とし、塩を入れた熱湯(分量外)で約1分ゆでて冷水にとり、しっかり絞って食べやすい長さに切り、1に入れてあえる。

3　油揚げは約1cm幅、3cm長さに切って、フライパンで焦げ目がつくくらいまで焼いたら、2に加えて混ぜる。少しおいてから器に盛る。

からしはチューブタイプのものでも。和からしを使ってください。

ほうれん草としめじと干し菊のおひたし

材料 4人分

ほうれん草……1把
しめじ……1パック
干し菊……1g
出汁……約150㎖
薄口しょうゆ……小さじ1～2
みりん……小さじ1弱
血合い抜き糸かつお……適量
(好みで)しょうゆ……適量

お出汁にひたすと野菜のおいしさが出てきます。干し菊はなくても大丈夫です。

作り方

1 干し菊は熱湯(分量外)に2分つけて戻し、水けを絞っておく。

2 ほうれん草は半分に切る。湯を沸かして沸騰したら塩(分量外)を入れ、茎の部分、葉の部分の順に入れて約1分ゆでる。冷水にとって水けを絞り、食べやすい長さに切る。しめじは約1分ゆでてザルに上げておく。

3 1と2を出汁にひたす。

4 薄口しょうゆとみりんを入れてあえる。

5 器に盛り、糸かつおをのせ、お好みでしょうゆをかけていただく。

肉じゃが

材料 2人分

牛薄切り肉……200g
じゃがいも……中3個
玉ねぎ……1個
にんじん……1／2本
出汁……500㎖
A 砂糖……小さじ1強
酒……大さじ2
薄口しょうゆ……大さじ2
塩……少々
(好みで)いんげん……適量

作り方

1 じゃがいもは4等分に切り、玉ねぎは半分に切ってから1㎝幅に切る。にんじんは拍子木切りにする。

2 鍋に1を入れ、出汁(具材がひたひたになるように量を加減する)を注いで強火にかける。

3 Aを右から順に入れて沸騰したら中火で10分煮る。

4 牛肉を加え、アクを取りながらさらに10分煮る。味見をして、好みの味にととのえる(18ページ参照)。器に盛り、お好みでゆでたいんげんを添える。

具材と一緒にお出汁もたっぷり器に注いで楽しんでください。

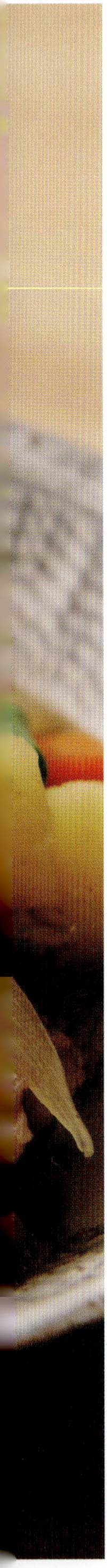

根菜煮

材料 4人分

- 鶏もも肉……300g
- 大根……1/3本
- にんじん……1/2本
- れんこん……約7cm
- ごぼう……1本
- 里いも……3個
- 干し椎茸……4枚（たっぷりの水で戻す）
- 干し椎茸の戻し汁……150mℓ
- **出汁**……1ℓ

A

- 砂糖……小さじ2〜3
- 酒……大さじ3
- 薄口しょうゆ……大さじ3
- 塩……ふたつまみ

作り方

1 根菜、椎茸、鶏肉は食べやすい大きさに切る。

2 鍋に根菜、椎茸を入れ、出汁、椎茸の戻し汁を入れて中火にかける。

3 **A**を右から順に入れて味付けをする。アクを取りながら5分煮る。

4 鶏肉を入れてさらに10分煮る。味見をして、好みの味にととのえる（18ページ参照）。

鶏肉と季節の根菜類をおいしいお出汁に入れて煮るだけ。こんにゃくや油揚げを入れてもおいしいです。

◆根菜やお出汁の量は参考までに数字で記しましたが、野菜は大きさがいろいろなので無駄のないように加減し、お出汁は野菜がかぶるくらいに注いでください。根菜にお出汁がしみて、日に日においしくなりますから飽きることがありません。

味付き出汁

材料　作りやすい分量

出汁……500㎖
砂糖……小さじ1
酒……大さじ2
薄口しょうゆ……大さじ2
塩……ひとつまみ

「簡単、おいしい、体にいい」が実現

あらかじめ理想の味よりも少し薄めに味付けをしたお出汁を作って冷蔵庫に入れておきます。夏場は3日、冬場は5日ほど保存がききます。にごってきたり、いやなにおいがしていたら使わないでください。冷凍することもできます。

お出汁は煮ているうちに味が濃くなります。濃くなりすぎたものを薄くするのは難しいので、応用が利くよう少し薄めに味付けをしておくのがコツ。この味付き出汁にお好みの具材を入

れてグツグツ煮て、具材に火が通るころに味見をしておいしかったら完成。物足りなかったら足りない味をしょうゆ、みりん、塩で調整して好みの味に仕上げます。

慣れるまでは調味料を足すごとに味見をして、何を入れたらどんな味になるかを覚えておくといいです。何を足せばいいかわからないときはしばらく放っておいて、冷めたころに味見をしてみるとよくわかります。冷めるとなじんで調和するので、きっと「うん、おいしい」と思わず独り言が出てしまう味になっているのではないかと思います。

ぷるぷる親子どんぶり

材料 2人分

- **味付き出汁**……500㎖
- 鶏もも肉……200g
- 玉ねぎ……1／2個
- 本葛粉……大さじ1（同量の水で溶いておく）
- 卵……4個
- 薄口しょうゆ……大さじ2
- みりん……大さじ2
- 三つ葉……適量
- 焼きのり……適量
- ごはん……どんぶり2杯分
- （好みで）粉山椒……適量

作り方

1 鶏肉は一口大に切り、玉ねぎは薄切りにする。

2 鍋に味付き出汁、薄口しょうゆ、みりんを入れて強火にかけ、沸騰したら中火にし、**1**を入れて煮る。

3 鶏肉に火が通ったら、お玉で鍋の中をかき混ぜながら水で溶いた本葛粉を少しずつ入れる。入れ終わったら、1分ほどかき混ぜながら火を通す。

4 鍋の中をかき混ぜながら溶き卵を回し入れ、入れ終わったら火を止める。

5 器にごはんをよそってのりをちぎってのせ、**4**をかける。三つ葉をのせる。お好みで粉山椒をふる。

本葛粉を使うと、時間がたっても食感がぷるぷる、卵がふわふわで、温め直しても変わりません。

だし巻き卵

材料　4人分

卵……Lサイズ3個
（またはMサイズ4個）
味付き出汁
……150㎖
本葛粉……大さじ1
油……適量
大根おろし……適量
しょうゆ……適量

作り方

1　ボウルに味付き出汁、本葛粉を入れてよく混ぜ合わせる。
2　卵をよく溶いて**1**のボウルに入れて、よく混ぜる。
3　卵焼き器に油を引いて熱し、卵液を何回かに分けて流し入れて焼く。卵液を流し入れて巻き終わるたびに油をしっかり引く。
4　皿に盛り、大根おろしを添え、しょうゆをたらす。巻きすで巻いて、落ち着かせてから食べてもよい。

卵焼き器がない場合や時間がないときは、フライパンでふわふわのオムレツを作る要領で焼いてもおいしいです。

◆普段の食事に作るなら、ほんの少し葛粉の溶け残りがあっても構いません。

ひょうたん型を使って
おめでたさを演出

白菜と豚肉と豆腐の鍋

材料 4人分

味付き出汁……2ℓ
豚薄切り肉……600g
白菜……1／4個
えのき……1パック
豆腐……1丁
（好みで）七味または一味唐辛子……適量

作り方

1 豚肉、白菜、えのき、豆腐は、食べやすい大きさに切る。

2 鍋に味付き出汁、**1**を入れて中～強火で煮る。

3 火が通ったら、出汁と具を一緒にいただく。お好みで七味や一味をかける。

大忙しのときのお助けメニューです。次の日の朝は残ったお出汁で雑炊にします。

なすとオクラの揚げびたし

材料　4人分

味付き出汁……800㎖
なす……3～4本
オクラ……1パック（8～10本）
かつお節……適量（血合い抜きの花かつおまたは糸かつおがおすすめです）
油……適量
塩……適量

作り方

1　なすは四つ割りにし、さらに横に斜め半分に切る。

2　オクラはまな板の上で塩をこすりつけて産毛を取ったあと、水で洗い、斜め半分に切る。

3　深めの器に味付き出汁を入れる。

4　鍋に油を熱し、なすを素揚げする。油を切り、軽く塩をふって**3**の器に入れる。

5　**4**の鍋でオクラも素揚げし、同様に塩をふって**3**の器に入れる。

6　味見をして、好みの味にととのえる。しばらくおいて、食べるときにかつお節をかける。

冷蔵庫で冷やすとグンとおいしくなりますので、多めに作ってもよいです。そうめんとの相性もとてもよいです。

炊き込みごはん

昆布やかつお節は、「食べる調味料」のように使えます。お出汁をとるときのように取り出さないで、お料理と一緒にいただきましょう。

材料　4人分

米……3合
水……600㎖
昆布……6g
かつお節……12g（本枯節の粉かつおがおすすめです）
油揚げ……1枚
鶏もも肉……100g
にんじん……4cm
しめじ……1／2パック
酒……大さじ1
薄口しょうゆ……大さじ2
塩……小さじ1／2
（好みで）焼きのり……適量

有明の焼きのりを大きめにちぎってのせるのが我が家では人気です。

作り方

1　油揚げ、鶏肉、にんじん、しめじは好みの大きさに切っておく。

2　炊飯器の内釜にすべての材料を入れて炊く。

3　炊き上がったら昆布を取り出し、細く刻んで戻してかき混ぜる。お好みでちぎった焼きのりをのせる。

湯鯛

材料　2人分

水……1500mℓ
昆布……15g
鯛の切り身（または刺身用の柵）……300g
青ねぎ……1〜2本
豆腐……1丁
塩……適量
（好みで）しょうゆ、粉山椒、一味唐辛子……適量

昆布のおいしさを実感できる一品。具材に火が通ったら昆布を鍋から取り出して、細く刻んでお鍋に戻して一緒に食べてもいいです。

作り方

1　鍋に水を入れ、昆布をつけておく。10分ほどして昆布が大きくなっていたら弱めの中火でゆっくりと温める。

2　鯛の切り身は5cmくらいに切る。ねぎは斜め切り、豆腐は8等分に切る。

3　**1**に**2**を入れて火が通ったら出汁と一緒に器に盛る。塩を少し入れていただく。

しょうゆをほんの少しかけても、粉山椒や一味唐辛子をふりかけても楽しめます。

乾物を使った おせち料理

「お正月の準備いうたら、錦に行ったら何でもそろう」といわれてきた錦市場。普段から味にうるさい京都の料理屋さんに信頼されてきた品質のよさを頼りに、「お正月はええもんを買いたい」という人で混み合います。久しぶりに集まる家族や友人においしいものを食べてもらいたい、また、おせち料理はお供えでもあるので、神様やご先祖様への感謝と敬いの心でよい品を求めにご来店されます。

12月はそんな慌ただしい日々を過ごしているため、私自身はおせち料理をすべて手作りすることはできませんが、お店で楽しそうにおせち料理の準備をされているお客様とお話をしていると、自分でも作りたくなり、乾物を使う簡単なものを作るよ

簡単手作りで温かな元旦を

うになりました。ここでご紹介する5品は、31日まで仕事がある私でも作れるものです。

おせちは新年を祝うお料理なので、新しい年を迎える慶びを食材の形や色で表し、縁起のよいものにたとえ、めでたい漢字をあてます。先人たちの幸せを願うやさしい心や楽しい語呂合わせなど、粋を大事に暮らす心に触れて、明るい気持ちになります。おせち料理を作っていると、新年への期待感が増してきて、ふしぎと疲れが吹き飛びます。また、少しでも手作りのものがあると温かなお正月になり、手作りしてよかったなと毎年思っています。どれもおいしいものばかりです。楽しんで作って、素敵な一年の始まりにしてください。

ぶどうまめ（黒豆）

材料 作りやすい分量

丹波の新物の黒豆……300g
水……2ℓ
A
きび砂糖……150g
グラニュー糖……100g
しょうゆ……大さじ2
塩……ひとつまみ

作り方

1 鍋に水を入れて沸かし、**A**を入れ、混ぜて溶かす。再び煮立ったら火を止め、洗って水けを切った黒豆を入れてひと晩おく。

2 **1**の鍋を強火にかけて、アクを丁寧に取り、沸騰したらすぐに火を弱める。

3 豆が躍らないように、ごく弱火*1にすることと、シロップから豆が出ないように気を付ける。コンロで一番弱い火にしても豆が躍るときは、鍋とコンロの間に焼き網を挟む。豆がシロップから出そうなときは湯を足す。

4 6時間ほどで、やわらかくおいしくなるが、8時間*2煮てしっかり味を入れたほうがいい。

*1 躍らせてしまうほど強い火加減だと、シロップがしつこい味になります。

*2 やむを得ない場合は、火を消して中断して合計8時間煮てもいいですが、続けて煮たほうが、よりおいしく仕上がります。

ごまめ

材料　作りやすい分量

ごまめ……50g

A
砂糖……大さじ1
酒……大さじ2
しょうゆ……大さじ2～3

作り方

1　ごまめをフライパンに入れて、ごく弱火でカリッとするまでやさしく炒り、バットに取り出し冷ます（電子レンジを使用する場合は、ラップをかけずに約1分半加熱する）。

2　Aを混ぜ合わせ、フライパンに入れて強めの火にかける。箸で混ぜながらまんべんなく温め、泡が小さくなって煮詰まってきたらすぐにごまめを入れて手早く煮汁をからませる。

3　バットなどに広げて冷ます。お好みでけしの実や七味唐辛子やいりごまをふる。

たたきごぼう

材料　作りやすい分量

ごぼう……250g

A
すりごま……大さじ6
砂糖……大さじ1
酒……大さじ1
薄口しょうゆ……大さじ1
濃口しょうゆ……大さじ2～3
出汁……大さじ2
甘酢……大さじ1

粉山椒……適量

作り方

1　ごぼうは4cm長さに切り、好みの太さに揃うように縦に切る。酢水（分量外）につけたあと、好みのかたさにゆでる。

2　ボウルにAを混ぜ合わせておく。

3　1が熱いうちに2に入れて、しっかり混ぜる。

4　いただく直前に山椒をふる。ごぼうやごまの香りのじゃまをしない隠し味程度がよい。

栗の渋皮煮

材料
栗の渋皮煮（市販のもの）……適量
けしの実……適量

作り方
1 栗の渋皮煮をシロップから取り出し、水けを軽くふく。
2 小皿にけしの実を広げて、そこに栗の下側をコロコロこすりつけてけしの実をつける。

りゅうひ巻

材料 作りやすい分量
鯛（刺身用の柵）（ひらめでもよい）……150〜200g
りゅうひ昆布*……1枚
甘酢しょうが（千切り）……25g
塩……適量
甘酢……適量

*りゅうひ昆布は、砂糖を溶かした酢液に蒸した昆布を漬け、乾燥させたものです。

作り方
1 鯛は3〜5㎜の厚さのそぎ切りにし、塩をふったバットに並べて上からも塩をふって30分程冷蔵庫におく。
2 りゅうひ昆布の両面に甘酢を塗って巻きすの上に広げ、手前2㎝の所にしょうがを並べる。巻き終わり4㎝残して鯛を並べる。
3 巻きすで締めながら巻いていく。締め終わったらラップで巻き、もう一度巻きすで巻いて冷蔵庫で1日休ませる。
4 好きな厚さに切り分けていただく。

白味噌雑煮

我が家では田邊屋の真昆布、血合い抜き花かつお、関東屋さんの白味噌を使います。

材料　4人分

金時にんじん……1本（にんじんでもよい）
祝い大根……1本（大根でもよい）
海老いも*……中2個（里いもでもよい）
米のとぎ汁……適量
水……1ℓ
昆布……20g
白味噌……300g
血合い抜き花かつお……適量
丸餅……4個

*海老いもは里いもでもいいですが、ぬめりがなくほくほくした海老いもがおいしい。

作り方

1　鍋に水、昆布を入れて20分たったら火をつけ、70℃になったところで弱火にし、70℃を保ちながら20〜30分煮出したら昆布を取り出す。

2　大根とにんじんは5㎜幅の輪切り、海老いもは食べやすい大きさに切り、米のとぎ汁でやわらかくなるまで下ゆでしたあと水で洗う。

3　**1**の鍋に**2**を入れて、弱火で15分ほど煮て、野菜に昆布の味を入れる。

4　ボウルに白味噌を入れ、**3**の出汁で溶き、鍋に入れる。

5　別鍋または電子レンジでやわらかくした丸餅をお椀に入れて、**4**の具と汁を入れ、花かつおをたっぷりかける。

Column 4

乾物と縁起物

日本には晴れの日に幸せを願う心を乾物に込める習慣があります。

産地から商品が入荷して箱を開けると、整然と並んだ乾物が神々しい輝きを放っていて、お店の空気が明るくなったと感じるときがあります。そんな乾物は、昔から献上品、引き出物、結納品、お供えと、重宝されてきました。縁起物で使うときには、おめでたい名前に変わります。

たとえば、昆布は「よろこんぶ」として慶びごとに、「子生婦」と書いて子孫繁栄を願ったり、「広布《ひろめ》」と呼んで、お披露目したものが広がるようにとの意味を込めたり。かつお節は「勝男武士」と書いて武運長久を願ったり、雄節と雌節を対《つい》にして、絆の深まりや結婚生活の末永い幸せを願ったりします。

剣先するめは、結納のときは「寿留女」と書き、よいことに恵まれ、嫁ぎ先に末永く留まり幸せでありますようにとの願いが込められています。

お祝いの心を表す言葉遊びのような習慣、「なるほど」と楽しい気持ちになり、優しさに心温まります。

お店の夏の風物詩になっているのが、毎年の祇園祭のこと。お囃子が聞こえ始めるころに、ご近所の鉾町の方がお供えの乾物を買いに来られます。神様にお供えするものだからと尊敬の念をもって乾物を持ち帰られる姿に心が洗われます。最近はいろいろと簡素化する傾向がありますが、伝統を受け継ぐ姿は美しく、昔から変わらない光景はありがたく、何かを教えてくれているように感じます。

第3章 まいにちの乾物料理

乾物は和食のものと
思われがちですが、
洋食やエスニック料理にも
大活躍する食材です。
乾物があれば、
バリエーション豊かに楽しめます。
主菜、副菜、主食など、
滋味あふれる料理をご紹介します。

干し椎茸ミートソーススパゲッティ

材料　2人分

干し椎茸*……4枚（戻して軸を切り、1cm角に切る）
合いびき肉……200g
玉ねぎ……1／4個（粗みじん切り）
にんにく（みじん切り）……小さじ1
植物油……大さじ1
A トマト水煮（カットタイプ）……250g
干し椎茸の戻し汁……50mℓ
味噌……大さじ1と1／2
砂糖……小さじ1
塩……小さじ1
こしょう……少々
ローリエ……1枚
スパゲッティ……80g

*椎茸の戻し汁は捨てずにとっておく。

作り方

1 フライパンに植物油をひき、ひき肉を入れて中火にかけ、こんがりするまで焼く。さらに玉ねぎ、椎茸、にんにくを入れて炒め合わせる。

2 ひき肉がぽろぽろになったら**A**とローリエを加えて混ぜ、8分煮る。

3 スパゲッティをゆで、**2**のソースをあえる。

干し椎茸があれば、コンソメいらずでおいしいミートソースが作れます。干し椎茸のグアニル酸×トマトのグルタミン酸でうまみもアップ。

ピエンロー鍋

材料　2人分

干し椎茸*……4～5枚
豚バラ薄切り肉……150g（6cm長さに切る）
鶏もも肉（唐揚げ用）……150g
白菜……1／4株（ざく切り）
春雨……30g（パッケージの表示通り戻し、食べやすい長さに切る）
水……800ml
塩……小さじ1
ごま油……大さじ1
*椎茸の戻し汁は捨てずにとっておく。

シンプルな材料・調理法のピエンロー鍋は、じっくり煮込むことがポイント。ごま油の香りが干し椎茸のおいしさを際立たせます。

作り方

1　ボウルに水、椎茸を入れ、戻す（できれば6時間ほどおく）。椎茸の軸を切って鍋に入れる。大きければ食べやすい大きさに切る。ザルにキッチンペーパーを敷いてボウルの水（戻し汁）をこしながら鍋に入れる。

2　1に白菜の芯の部分、鶏肉、塩を加えて中火にかけ、煮立ったら弱火にする。ふたをしてさらに20分ほど煮たあと、中火に変えて豚肉、白菜の葉を入れてアクを取りながら5分煮る。

3　春雨を加え、ごま油を回し入れてひと煮立ちさせる。取り皿に塩少々（分量外）、鍋の煮汁を入れて混ぜ、好みで豆板醤、ごま油（分量外）を加えてつけだれにする。

ルーローハン

材料　2人分

干し椎茸*……2枚（戻して軸を切り、食べやすい大きさに切る）
豚バラ薄切り肉……150g（2cm長さに切る）
にんにく（すりおろし）……小さじ1
しょうが（すりおろし）……小さじ1
A
干し椎茸の戻し汁……大さじ3
オイスターソース……大さじ1
しょうゆ……大さじ1
砂糖……大さじ1
ごはん……適量
ゆで卵……1個
小松菜……2茎（ゆでて4cm長さに切る）
ごま油……小さじ1

*椎茸の戻し汁は捨てずにとっておく。

作り方

1　フライパンに豚肉を入れ、中火で色が変わるまで炒めたあと、にんにく、しょうが、椎茸を入れてさらに炒める。

2　**1**にゆで卵と**A**を加え、沸騰したら中弱火にして5分煮る。仕上げにごま油を回し入れる。

3　**2**をごはんにのせ、小松菜を添える。

オイスターソースのしっかりしたコクがふっくらとした干し椎茸にからまり、噛むたびにうまみがあふれます。

干し椎茸の山かけ

材料　2人分

干し椎茸……3枚（戻して、軸を切って薄切りにする。大きければさらに半分に切る）
長芋……8cm（すりおろす）
A
┌しょうゆ……大さじ2
└みりん……大さじ2
卵黄……1個分
青のり……適量
わさび……適量
ごま油……小さじ2

作り方

1　フライパンにごま油を中火で熱して、椎茸を入れて炒める。油がなじんだら**A**を加えてさらに2分ほど炒め煮にする。
2　ボウルに**1**を汁ごと入れ、長芋を加えてあえる。器に盛って卵黄をのせ、青のりをふり、わさびを添える。

干し椎茸のコクのある甘辛味を、わさびのさわやかな辛味や香りが引き立てます。

ちらし寿司

戻し汁も活用することで、甘辛く煮た風味豊かな干し椎茸とさっぱりとした酢飯がおいしさを引き立て合います。

材料　2人分

干し椎茸[*1]……3枚（200㎖の水で戻し、軸を切って薄切りにする。大きければさらに半分に切る）

A
- しょうゆ……大さじ1
- 砂糖……大さじ1
- みりん……大さじ1

卵……1個

塩……ひとつまみ

砂糖……ひとつまみ

ごはん……400g

B **すし酢**[*2]
- 酢……大さじ2
- 塩……小さじ2／3
- 砂糖……大さじ1

ちりめんじゃこ……20g

きぬさや4枚（ゆでて、斜めに細切り）

紅しょうが……適量

*1 椎茸の戻し汁は捨てずにとっておく。

*2 市販のすし酢大さじ2でもよい。

作り方

1 鍋に椎茸と戻し汁（ザルにペーパータオルを敷いてこしながら入れる）、**A**を入れて煮立ったら弱火にする。さらに10分煮てそのまま冷ます。

2 ボウルに卵を割りほぐし、塩・砂糖を加えて混ぜてザルでこす。弱火で温めたフライパンに油（分量外）を薄くひき、卵液の1／2量を流す。表面が乾いてきたら裏面もさっと焼く。残りも同様に焼き、粗熱が取れたら細切りにする。

3 ボウルに入れたごはんに、合わせた**B**とちりめんじゃこを回し入れ、全体を切るように混ぜる。椎茸の汁けを切って飾り用に少し取りよけてから混ぜ込む。器に盛り、卵、椎茸、きぬさや、紅しょうがを散らす。

塩麹ごはん

材料　2人分

乾燥芽ひじき……大さじ2
米……2合
塩麹……大さじ2

塩麹を加えて炊いたごはんは米のうまみが増してふっくらし、傷みにくくなるのでお弁当や暑い季節におすすめ。

作り方

炊飯器で炊く

1　炊飯器の内釜に洗った米と目盛りまでの水（分量外）を入れ、塩麹を加えて混ぜる。ひじきをのせて炊飯する。

鍋で炊く

1　土鍋に米、水500㎖を入れ、ひじきをのせて30分（冬は1時間）浸水させる。

2　塩麹を加えて混ぜ、中火にかける。沸騰したら弱火にしてふたをし、15分炊き、火を止めて10分蒸らす。

（炊き上がりで水けが残っているようでしたら、弱火のまま水けがなくなるまで、ふたをして追加で1～2分ごとに確認しつつ火にかけてください。）

梅ひじきのきゅうりあえ

材料　2人分

乾燥長ひじき……大さじ2
水……100ml
きゅうり……1本
梅干し……1個
しょうゆ……小さじ1／2
A
削り節……1パック（2g）
オリーブオイル……小さじ1

作り方

1　小鍋にひじきと水を入れて中火にかけ、煮立ったらふたをして火を消す。粗熱が取れるまでおき、水けを切って食べやすい長さに切り、しょうゆをかける。きゅうりは麺棒などで叩き、一口大に割る。

2　ボウルに、種を取って叩いた梅干しとAを入れて混ぜ、1を加えてあえる。

梅に含まれるクエン酸は、ひじきに含まれるカルシウムの吸収を促進する効果があります。

ひじきマッシュポテト

材料　2人分

乾燥芽ひじき……大さじ2
じゃがいも……2個
A─水……50mℓ
　─塩……小さじ1／4
　─削り節……1パック（2g）
オリーブオイル……大さじ1

作り方

1　鍋にじゃがいも、かぶるくらいの水（分量外）を入れて中火にかける。煮立ったら弱火にし、ふたをして30分ほどさらにゆでる。竹串がすっと通るようになったら皮をむく。

2　小鍋にひじきと**A**を入れて中火にかけ、煮立ったら火を止め、ふたをして粗熱が取れるまでおく。

3　ボウルに**1**を入れてマッシャーでつぶし、**2**とオリーブオイルを加え、混ぜる。

オリーブオイルは腸内の潤滑油として働くため、ひじきの食物繊維とともに便秘解消の効果が期待できます。

切り干し大根とアボカドのカレーマヨサラダ

材料　2人分

切り干し大根……20g
（戻して、食べやすい長さに切る）
アボカド……1個（ひと口大に切る）
A
マヨネーズ……大さじ3
カレー粉……小さじ1／2
しょうゆ……小さじ1

作り方

1　ボウルに**A**を入れて混ぜ、切り干し大根、アボカドを加えてあえる。

切り干し大根とスパイシーなカレー粉の風味がよくからみ、クセになるおいしさです。

切り干し大根と豚肉のごま味噌炒め

材料　2人分

切り干し大根……30g（戻して、食べやすい長さに切る）
豚バラ薄切り肉……100g（3㎝長さに切る）
A
みりん……大さじ1
味噌……大さじ2
水……大さじ2
白すりごま……大さじ1
小ねぎ……適量（小口切り）

作り方

1　フライパンに豚肉を広げ入れて中火にかけ、こんがり焼く。切り干し大根と**A**を加えて炒め合わせる。
2　器に盛り、小ねぎをのせる。

味噌に多く含まれる善玉菌が切り干し大根に含まれる食物繊維と相まって、腸内の環境を整えてくれます。

切り干し大根のなめ茸あえ

材料　2人分

切り干し大根……20g
（戻して、食べやすい長さに切る）
小松菜……3株
なめ茸（市販）……大さじ3

作り方

1　湯（分量外）を沸かした鍋に小松菜を根元から入れ、1分ほどゆでて水にとる。3㎝長さに切って水けを絞る。

2　ボウルに**1**、切り干し大根、なめ茸を入れてあえる。

お弁当のおかずにも、おつまみにもなる便利な副菜。卵焼きに入れてもおいしくいただけます。

車麩の玉ねぎスープ

材料　2人分

車麩……2枚（戻して、水けを絞る）
玉ねぎ……1個（薄切り）
塩……小さじ1／4
水……400mℓ
コンソメ顆粒……小さじ1
にんにく……適量
オリーブオイル
……大さじ1＋小さじ2
ピザ用チーズ……50g
刻みパセリ……適量
こしょう……少々

バゲットの代わりに、常温保存ができる車麩を使って。小腹がすいたときや朝食にも便利なスープです。

作り方

1　フライパンにオリーブオイル（大さじ1）、玉ねぎ、塩を入れて混ぜ、全体に広げる。玉ねぎが茶色になるまでときどき混ぜながら中火で5分ほど炒める（頻繁に混ぜない）。

2　**1**に水とコンソメを加えて5分ほど煮て、耐熱容器2つに分けて入れる。

3　車麩ににんにくの切り口をこすりつけ、**2**の上にそれぞれのせる。チーズをかけ、オーブントースターなどでこんがり焼く。パセリ、こしょう、オリーブオイル（小さじ2）をふる。

車麩と根菜のうま煮

材料　2人分

車麩……2枚（戻して、水けを絞り4等分に切る）
鶏もも肉（唐揚げ用）……100g
大根……1／4本（ひと口大の乱切り）
にんじん……1／2本（ひと口大の乱切り）
干し椎茸……2枚（戻して、半分に切る）
A
出汁……200mℓ
みりん……大さじ1
しょうゆ……大さじ1
植物油……小さじ1

作り方

1 フライパンに油を入れて、鶏肉の皮を下にして中火で2分焼く。大根、にんじん、椎茸を入れて炒め合わせ、車麩と**A**を加えて落としぶた（オーブンペーパーに穴を開けたものでも可）をして弱火で15分煮る。

2 **1**にしょうゆを加え、中火でときどき大きく返しながら、さらに5分煮る。一度冷まし、温め直すとさらに味がしみる。

車麩に根菜のうまみと栄養がたっぷりの煮汁がしみ込みます。トロッとやわらかく、ボリュームもたっぷり。

車麩の唐揚げ

材料　2人分

車麩……3枚
（戻して、水けを絞り4等分に切る）
片栗粉……大さじ2
A
しょうゆ……大さじ1
水……大さじ1
みりん……大さじ1
しょうが（すりおろし）……小さじ1
植物油……適量
（好みで）レモン……適量

作り方

1　ボウルに**A**を混ぜ、車麩を入れてなじませる。

2　フライパン全体に広がるくらいの油を入れて中火で熱し、片栗粉をまぶした**1**をカリッとするまで揚げ焼きにする。好みでレモンを添える。

味がしみた車麩は、外側はカリッと、中はジューシー、まるで肉のような存在感があります。肉を使わずに満足感のあるメインおかずです。

高野豆腐の味噌そぼろ生春巻

材料　2人分

高野豆腐……2枚（戻して、細かく刻む）

A
しょうが（すりおろし）……小さじ1
にんにく（すりおろし）……小さじ1
長ねぎ……10cm（粗みじん切り）

B
味噌……大さじ1と1／2
砂糖……小さじ2
しょうゆ……小さじ1
水……大さじ3
片栗粉……小さじ1／2

植物油……小さじ2
ライスペーパー……2枚
サニーレタス……2枚
にんじん……4cm（千切り）

作り方

1　フライパンに油と**A**を入れて中火にかける。香りがたったら高野豆腐を加えて炒め合わせ、よく混ぜ合わせた**B**を加えて炒め煮にする。

2　ライスペーパーを水で濡らし、**1**、サニーレタス、にんじんの各半量をのせて巻く。同様にもう1つ巻く。

そぼろは、高野豆腐を肉代わりに使い、味噌味で満足感アップ。冷凍保存も可能なので、多めに作って冷凍しておけば、アレンジもできて便利です。

高野豆腐とチンゲン菜のピリ辛小鍋

材料　2人分

高野豆腐……2枚
（30秒水につけて、4等分に切る）
豚ひき肉……150g
チンゲン菜……2株
（葉と茎に分け、ざく切り）

A
豆板醤……小さじ1／2
（好みで増減）
しょうが（みじん切り）……小さじ2
ごま油……小さじ2

B
水……600㎖
味噌……大さじ1
鶏がらスープの素……小さじ1
しょうゆ……小さじ1

作り方

1　フライパンに**A**を入れて中火でさっと火を通し、ひき肉を加えて色が変わるまで炒める。

2　鍋に高野豆腐、**B**、チンゲン菜の茎を加え、煮立たせる。煮立ったら弱火にして5分、**1**とチンゲン菜の葉を入れてさらに5分煮る。

しっかりと煮汁のおいしさを吸いこんだ高野豆腐のやさしい味わいにピリッと辛い豆板醤がアクセント。

高野豆腐の花餃子

材料　2人分

高野豆腐……1枚（戻して、細かく刻む）
豚ひき肉……100g
にら……3本（細かく刻む）
A　しょうが（すりおろし）……小さじ1
　　しょうゆ……小さじ1
餃子の皮……12枚
植物油……小さじ2
ごま油……小さじ1

作り方

1　ボウルに高野豆腐、ひき肉、にら、**A**を入れて混ぜ合わせ、12等分にする。餃子の皮にのせ、中央に向かってひだを寄せ、真ん中は開けて包む。

2　フライパンに油をひき、**1**を並べて中火にかけ、水50㎖（分量外）を餃子にかからないように注ぎ入れてふたをして3分蒸し焼きにする。ふたを取って水分を飛ばしながらさらに焼き、ごま油を回し入れる。

植物性たんぱく質が豊富な高野豆腐と豚肉を合わせて、不足しがちなたんぱく質をしっかりとりましょう。

黒きくらげ入りタッカンマリ風鍋

材料 2人分

乾燥黒きくらげ……5g（戻して、ひと口大に切る）
じゃがいも……3個（皮をむき、半分に切る）
鶏手羽中肉……200g
長ねぎ……1本（3cm幅の斜め切り）

A
にんにく……1片（薄切り）
昆布……5cm
水……800mℓ
塩……小さじ1

B
たれ
にら……3茎（細かく刻む）
ポン酢しょうゆ……50mℓ
白すりごま……大さじ1
七味唐辛子……少々

作り方

1 鍋に**A**、きくらげ、じゃがいも、鶏肉、長ねぎを入れて中火にかける。煮立ったらアクを取り、じゃがいもがやわらかくなるまで弱火で15分ほど煮る。**B**を混ぜて添える。

にんにくや豚肉にはビタミンCが含まれ、黒きくらげのビタミンDと一緒に食べることで、その吸収力が高まります。

黒きくらげのサンラータン

材料　2人分

乾燥黒きくらげ……3g
（戻して、細切りにする）
豚バラ薄切り肉
……100g（2cm幅に切る）
ミニトマト……4個（半分に切る）
しょうが（みじん切り）……小さじ1
にんにく（みじん切り）……小さじ1
卵……1個（溶く）
A
しょうゆ……小さじ1
酢……小さじ2
片栗粉……小さじ2
鶏がらスープの素……小さじ2
塩……小さじ1／4
水……500mℓ
ラー油……適量
黒こしょう……少々

作り方

1　フライパンを中火で熱し、豚肉を入れて色が変わるまで炒める。しょうが、にんにくを加えて炒め、香りが立ったら水、きくらげ、ミニトマトを足して煮る。

2　煮立ったら**A**をよく混ぜて加え、とろみがついたら卵を回し入れる。卵がふんわり浮き上がってきたら火を止める。器に盛り、ラー油を回しかけ、こしょうをふる。

黒きくらげのビタミンDの量は、**食品中トップクラス**の含有量。ミニトマトのビタミンCと一緒に食べることで、**吸収力が高**まります。

黒きくらげのジンジャーピクルス

材料　2人分

乾燥黒きくらげ……8g（戻して、ひと口大に切る）
うずら卵の水煮……6個
昆布……3cm角
A
酢……50mℓ
水……50mℓ
砂糖……大さじ1
塩……小さじ1
しょうが……1かけ（薄切り）

作り方

1　Aを小鍋に入れて中火にかけ、砂糖が溶けたら火を止め、昆布を入れる。
2　湯（分量外）を沸かした鍋にきくらげを入れて30秒ゆでて水にとり、ザルに上げる。
3　容器に1、2、うずら卵を入れて2時間ほどつける。

酢と黒きくらげの水溶性食物繊維のダブル効果で、食後の血糖値の上昇を抑えることが期待できます。

桜えびとかぶのホットサラダ

材料　2人分

乾燥桜えび……大さじ2
かぶ……小さめ3個（6等分にする）
かぶの葉……4本分（食べやすい大きさに切る）
水……大さじ3
塩……小さじ1／2
オリーブオイル……大さじ1
こしょう……少々

作り方

1　フライパンにかぶ、桜えび、水、かぶの葉を入れ、塩を全体にふって中火にかける。煮立ったらふたをして中弱火にし、4分蒸し焼きにする。

2　器に盛り、オリーブオイルを回しかけ、こしょうをふる。

オリーブオイルを加えることで、桜えびの香りもぐっと引き立ちます。

桜えびとわかめの混ぜごはん

材料　2人分

乾燥桜えび……大さじ2
（乾煎りしておく）
乾燥カットわかめ……大さじ1
いり白ごま……大さじ1
ごはん……茶碗2杯分（300g）
塩……少々
ごま油……小さじ1

作り方

1　カットわかめは水につけて戻し、水けを絞って細かく刻む。
2　ボウルにすべての材料を入れ、しゃもじなどで切るように混ぜる。

華やかな桜えびの香ばしい風味とごま油の食欲を刺激する香りが合わさって、箸の進むおいしさを楽しめます。

桜えびのチヂミ

材料　2人分

乾燥桜えび……8g
小ねぎ……4本（4cm長さに切る）
A
小麦粉……大さじ5
片栗粉……大さじ4
B
水……100ml
卵……1個
塩……小さじ1/4
植物油……大さじ1+小さじ1
C　**たれ**
ポン酢しょうゆ……大さじ1
豆板醤……小さじ1/4
白いりごま……小さじ1

作り方

1　**A**を合わせたボウルに**B**を入れて混ぜる。小ねぎを入れてさらに混ぜる。

2　フライパンに油大さじ1を中火で熱し、**1**を広げ入れて桜えびを散らす。こんがりするまで5分ほど焼いて裏返し、鍋肌から油小さじ1を回し入れてさらに2分ほど焼く。

3　桜えびを散らした面が上になるように取り出す。食べやすく切って器に盛り、**C**を混ぜて添える。

桜えびの凝縮されたうまみを、口いっぱいに楽しめます。カリッと香ばしく焼き上げ、豆板醤やポン酢しょうゆなど、お好みの味付けを楽しんで。

黒豆の蒸しパン

材料 カップ6個分、直径26cmのフライパンを使用

ゆで黒豆……50g（飾り用に12粒取り分ける。市販の蒸し黒豆・水煮でも可）
ホットケーキミックス……150g
A 卵……1個
牛乳……100mℓ
植物油……大さじ2
水……200mℓ（フライパン用）

ホットケーキミックスを使って誰でもコツいらずで作れる蒸しパンです。1個ずつラップに包んで保存袋に入れ、冷凍も可（食べるときは室温で2時間解凍するか、電子レンジで40秒ほど加熱する）。

作り方

1 ボウルに**A**を合わせ、ホットケーキミックスを加えてしっかり混ぜる。黒豆を加えてさっと混ぜる。

2 **1**をマフィンカップ（シリコンカップ、プリンカップ、紙コップなどでも可）に均等に流し入れ、それぞれに飾り用の黒豆をのせる。

3 フライパンにキッチンペーパーを敷き、その上に平皿をのせ、皿にかぶらないように水を入れて火にかける。沸騰したら皿の上に**2**を並べ、ふたをして中火で10分蒸す。竹串を刺して、生地がつかなければ蒸し上がり。好みではちみつやジャムを添える。

黒豆と豚とあさりのポルトガル風

材料　2人分

ゆで黒豆……100g
（市販の蒸し黒豆・水煮でも可）
豚バラ薄切り肉……100g
（食べやすく切り、塩ひとつまみをまぶす）
あさり（殻付き）……100g
（砂抜き済みのもの、水洗いする）
赤パプリカ
……1／2個（横1cm幅に切る）
にんにく……1かけ（つぶす）
A 酒……大さじ2
植物油……大さじ1
塩……適量
こしょう……適量
（好みで）刻みパセリ、レモン……各適量

作り方

1 フライパンに黒豆、パプリカ、にんにく、あさり、豚肉を順に入れる。**A**をふり入れ、ふたをして中火にかける。蒸気が出てきたらさらに5分蒸し焼きにする。
2 好みでパセリをふり、レモンをしぼる。

疲労回復効果、強壮作用がある黒豆とにんにくのコンビは、元気をつけたいときにおすすめ。

黒豆とじゃがいものバジルサラダ

材料　2人分

ゆで黒豆……100g（市販の蒸し黒豆・水煮でも可）

じゃがいも……2個（1㎝角に切る）

バジルペースト……大さじ2（市販のペーストやバジルパスタソースでも可）

（好みで）パルメザンチーズ（すりおろす）……適量（粉チーズでも可）

作り方

1　鍋にじゃがいもとかぶるくらいの水（分量外）を入れて中火にかける。じゃがいもがやわらかくなるまでゆで、ザルに上げてボウルに入れる。

2　1に黒豆、バジルペーストを入れてあえる。好みでパルメザンチーズをふる。

黒豆のアントシアニンは活性酸素の発生を抑制する働きがあり、アンチエイジング効果が期待できます。また、目の疲れ、かすみ目などの症状を改善する効果も。

黒豆ベーコンサルサ

材料　2人分

ゆで黒豆……100g（市販の蒸し黒豆・水煮でも可）
ベーコン……1枚（細切り）
A
玉ねぎ……1／6個（粗みじん切りにし、水にさらしておく）
トマト……小さめ1個（8㎜角に切る）
ピーマン……1個（粗みじん切り）
トマトケチャップ……大さじ1
植物油……小さじ1
レモン汁……小さじ1
塩……ふたつまみ
こしょう……少々

作り方

1　ボウルに**A**を入れて混ぜ合わせる。
2　フライパンにベーコンを広げ入れて中火にかける。脂が出てくるまで焼き、黒豆を加えて2分ほど炒め合わせる。
3　**1**に**2**を加えてあえる。

黒豆は甘く煮るのもいいけれど、レモン果汁入りでさわやかにマリネ風に仕立てると、サラダ感覚でたくさん食べられます。

監修

山下由美子 やました・ゆみこ

京都・錦市場の老舗乾物屋・田邊屋の7代目女将。かんぶつマエストロ。「美味しく食べて幸せになる」お出汁教室 主宰。田邊屋は天保初年（1830年）に創業。以来、料亭から一般の家庭まで、安心していただける上質かつ価値ある食材を取りそろえる。

料理

大友育美 おおとも・いくみ

国際中医薬膳師。フードコーディネーター。テレビ、書籍、雑誌、ウェブ、広告など幅広い分野で活躍。著書に『いたわり発酵ごはん 不調しらずの体をつくるおいしい薬膳の知恵』（マイナビ出版）、『七十二候の食薬レシピ』（学研プラス）など多数。

撮影　井出勇貴
スタイリング　池水陽子
デザイン　三木俊一、游瑀萱（文京図案室）
イラスト　吉田あかね
編集協力　高本亜紀
校正協力　ぷれす、村上理恵

参考文献

『日本の食文化の原点　かんぶつ読本』（日本かんぶつ協会）、『鰹節考』（筑摩書房）

京都の乾物屋さんから教わる
お出汁と乾物

監修者　山下由美子
料　理　大友育美
発行者　池田士文
印刷所　日経印刷株式会社
製本所　日経印刷株式会社
発行所　株式会社池田書店
〒162-0851
東京都新宿区弁天町43番地
電話03-3267-6821（代）
FAX 03-3235-6672

落丁・乱丁はお取り替えいたします。

ISBN 978-4-262-13096-5

［本書内容に関するお問い合わせ］
書名、該当ページを明記の上、郵送、FAX、または当社ホームページお問い合わせフォームからお送りください。なお回答にはお時間がかかる場合がございます。電話によるお問い合わせはお受けしておりません。また本書内容以外のご質問などにもお答えできませんので、あらかじめご了承ください。本書のご感想についても、当社HPフォームよりお寄せください。
［お問い合わせ・ご感想フォーム］
当社ホームページから
https://www.ikedashoten.co.jp/

25000004